JAKOBSWEG

Bilder von Martin Schulte-Kellinghaus
& Erich Spiegelhalter

Texte von Andreas Drouve

INHALT

*Erste Seite:
Das Ziel aller Pilger – die Kathedrale von Santiago de Compostela. Der davor liegende Freiplatz, Praza do Obradoiro, ist Dreh- und Angelpunkt beim Stadtrundgang.*

*Seite 2/3:
Aus dem Becken Pamplonas aufsteigend, ist in der Sierra del Perdón ein Zwischenpass geschafft. Auf der windigen Höhe stemmen sich Pilger in historischer Tracht und mit Begleittieren den Unbilden von Wind und Wetter entgegen – als Metallskulpturen.*

*Seite 4/5:
In der landschaftlichen Vielfalt liegt einer der größten Reize des Jakobsweges. Breite Vorbecken wechseln sich mit den Höhenzügen der Pyrenäen ab, wie hier in Aragonien.*

Seite 8/9:
Ein Meisterwerk aus dem 16. Jahrhundert ist der „Kreuzgang der Ritter", Claustro de los Caballeros, im Kloster Santa María la Real in Nájera. Hier vermischen sich plateresker Stil, Flamboyant und Renaissance.

Seite 10/11:
Aus einsamer Felderlandschaft ragt am Ende des Aragonesischen Weges das Kirchlein Santa María de Eunate auf, ein wahrer Schatz der Romanik. Das Nachbargebäude heißt „Haus des Einsiedlers" und datiert aus einer späteren Bauepoche.

DER JAKOBSWEG –
ZAUBER UND PHÄNOMEN

Zwischen Burgos und León spannt sich der Jakobsweg durch schier unendliche Weiten, die zu Spaniens Hochebene gehören, der Meseta. Manche Passagen, wie hier bei Hornillos del Camino, können zur Durststrecke geraten.

DER JAKOBSWEG –
ZAUBER UND PHÄNOMEN

„Die Vielzahl der Gläubigen, die sich auf dem Weg nach Santiago befinden, und derer, die von dort zurückkommen, ist derart groß, dass fast kein Fleckchen auf der gesamten befestigten Straße gen Westen mehr frei ist", soll im Mittelalter ein maurischer Bote seinen Befehlsgebern vermeldet haben. Damals lagen Muselmanen und Spanier im Glaubenskrieg auf der Iberischen Halbinsel, Jakobus war Schutzherr der christlichen Streiter. Zu dem um 830 wundersam wiederentdeckten Grab des Heiligen in Santiago de Compostela pilgerten in Spitzenzeiten Hunderttausende pro Jahr, mutmaßen manche Forscher. Ausgehend von dererlei Zahlenwerk herrscht im 21. Jahrhundert wieder tiefstes Mittelalter. Der Jakobsweg boomt wie vor einem guten Jahrtausend, die Ursachen sind vielschichtiger.

Unsere globalisierten Sphären bergen keine Geheimnisse mehr. Pole, Wüsten und Regenwälder sind entdeckt, alles ist leicht erreichbar. Per Flugzeug, per Mausklick. In Leistungsgesellschaften nehmen Hektik und Ansprüche überhand. Termin folgt auf Termin. Beruf und Freizeit erfordern präzises Zeitmanagement. Stressfaktor Alltag. Umso öfter kreisen die Gedanken um Ausweg und Halt, um ein Endlich-zur-Ruhe-kommen, um Besinnung und Werte, das Mysterium des eigenen Seins. Was hat mich zu dem gemacht, der ich bin? Wo will ich hin? Wer gibt mir Anstöße, Inspiration? Auf der Suche nach neuen Zielen und Wirklichkeiten treibt es manche auf Marathon- und Triathlonstrecken, zu Grenzerfahrungen zwischen Himmel und Erde, ins Sabbatjahr, zur Auszeit ins Kloster, zu Meditationen – oder auf den Jakobsweg, den spanischen „Camino de Santiago".

Innere Einkehr mit Erlebniswert

Die Santiago-Pilgerschaft als Bekehrung zum lebendigen Gott durch die Begegnung mit Jesus Christus – mit diesen Gedanken hat Papst Johannes Paul II. einmal den Wesenskern umrissen und den erneuernden Impuls im Bemühen um die Wiederbelebung des Glaubens unterstrichen. Die Wallfahrt, bei der die Pilger, dem Beispiel des Jakobus folgend, selbst zu unerschrockenen, eifrigen Aposteln werden, stehe trotz ihrer Härte und Mühsal für eine freudige Verkündigung des Glaubens, so Johannes Paul II. weiter. Das Thema Glaube, das Bekenntnis zur katholischen Amtskirche hat auf dem Jakobsweg allerdings nicht zwangsläufig Vorrang.

Für viele Pilger stehen die 760 Kilometer des klassischen Weges vom Pyrenäenpass Ibañeta bis Santiago de Compostela für einen Strang der

Der heilige Apostel ist am Jakobsweg, dem „Camino de Santiago", allgegenwärtig. Mal sieht man ihn als Skulptur in Altaraufsätzen, mal als Relief, mal als Bildnis auf kleinen Podesten.

inneren Einkehr, eine Route der Begegnung mit Gleichgesinnten, eine Lebenshilfe der Orientierung, einen sportlichen Selbstbeweis. Risiko und Investment sind gering. Die Errungenschaften der Zivilisation bleiben in greifbarer Nähe, die Preise in den Pilgerherbergen bewegen sich auf Minimalniveau. Ein kalkulierbares, kostengünstiges Abenteuer. Der Faktor Zeit, der Verzicht auf Komfort und die Strapazen des Rucksackschleppens erfordern den größten Einsatz, es sei denn, man gehört zur Gattung der motorisierten Samsonite-Pilger mit Quartiernahme in feudalen Hotels. Ansonsten lernt man, die Ansprüche auszudünnen und sich auf das Wesentliche zu konzentrieren. Was ist wichtig, was verzichtbar auf dem Weg und im Leben?

Unvergesslich bleibt der Erlebniswert, der seine Reize nicht zuletzt durch die Kontraste bezieht. Schroffe Hochgebirge, sattgrüne Hügel, Ebenen, Wälder und Wiesen bescheren ein Wechselspiel der Landschaften. Einfach grandios. Dazu kommen die Gegensätze zwischen Städten und abgeschiedenen Dörfern, zwischen Kathedralen und Kapellen. Romanik und Gotik in Überfülle. In den Giebelfeldern von Kirchenportalen stürzen Bilderwelten auf den Betrachter ein. Fabelwesen, Vögel, Christus als Pantokrator, die Evangelisten, die Apostel. Immer wieder gibt das Motiv des Jakobus Ansporn. Der Heilige mit Stab, muschelverzierter Tasche und breitkrempigem Hut, als Pilgervorbild unterwegs zu seinem eigenen Grab. Eine merkwürdige Konstellation, die ihn greifbar, fassbar macht. In der Kathedrale von Santiago de Compostela umarmt man sein Bildnis im Hochaltar, steigt in die Krypta hinab – Zeichen der glücklichen Ankunft. Bis dahin vergehen Tage, Wochen der Pilgerschaft. Burgen säumen den Weg, Brücken spannen sich malerisch über Flüsse, die Gespräche mit Pilgergefährten prägen sich nachhaltig ins Gedächtnis ein. Irgendwo plätschert ein Bachlauf, blöken Schafe in der Ferne, lädt ein Dorfbrunnen zur Rast ein. Die Steine: stumme

Zeugen. Das Wetter: gnadenlos. Schnurgerade spannt sich der Weg zwischen Burgos und León über Spaniens Hochebene, die Meseta. Einsame Strecken, im Sommer unter sengender Sonne. Andernorts geht es durch schattige Steineichenhaine, Weingärten, Buchenforst, Eukalyptuswälder. Über Hügel voller Ginster und Erika, mitunter ernüchternd über Asphalt.

Wo die eindrucksvollsten Wegstellen liegen, wird jeder selber beurteilen müssen, abhängig von Interesse, Stimmung, Tagesenergie. Nur soviel: Die Brücke von Puente la Reina und das Kirchlein von Eunate heben sich als schönste Baudenkmäler ihrer Art ab. Das Felsenkloster von San Juan de la Peña: monumental. Der Kreuzgang der Kathedrale von Pamplona: feinste gotische Maßarbeit. Die Krypta im Kloster von Leyre: ein Steingedicht aus wuchtigen Säulen, Kapitellen und Alabasterfenstern. Die Kathedralen von Burgos und León: Prachtglaubensburgen, erbaut für die Ewigkeit. Und doch kann eine Einsiedelei, ein verwittertes Wegkreuz den Einzelnen stärker beeindrucken.

Innehalten, zur Ruhe kommen – der Jakobsweg gibt dafür reichlich Gelegenheit. Eine Oase der Stille kann eine Bank am Wege sein, wie hier bei Logroño.

Riten und Legenden

Traditionen und Bräuche bezeugen die Verbundenheit der Pilger zum Jakobsweg. Man trägt die Jakobsmuschel um den Hals, hinterlässt Wunsch- und Dankesworte in den Gästebüchern der Herbergen. In Kirchen wie Roncesvalles und Los Arcos empfängt man den Pilgersegen, erweist Heiligengräbern wie San Juan de Ortega, San Lesmes in Burgos und San Isidoro in León die Ehre. Auf Gebirgspässen legt man winzige Kreuze aus zusammengebundenen Ästen nieder, schichtet Steinmännchen am Wege auf – sichtbare Zeichen des Durchzugs. Höhepunkt der symbolträchtigen Riten ist die Ablage eines Sünden- und Sorgensteins am Cruz de Ferro, dem Eisenkreuz zwischen Astorga und Ponferrada.

In der Kathedrale von Santo Domingo de la Calzada lasen die Pilger einst Federn auf und steckten sie sich als Glücksbringer an den Hut. Den Ausschlag dafür gab der Hühnerstall hinter dem Altar, der an das Hühnermirakel erinnerte; heute leben ein weißer Hahn und eine weiße Henne in einem Käfig hinter Glas. Kuriose Wegstationen wie diese findet man sonst nirgendwo. Gleiches gilt für den Weinbrunnen bei Estella, die Mariengrotte im Kloster von Nájera, die Ablassportale in León und Villafranca del Bierzo. Orte und Monumente atmen Geschichte, angereichert durch den Schatz der Legenden. So wie der ganze Jakobuskult auf einem Geflecht aus Geschichten und Überlieferungen beruht.

Nach dem Martyrium des Jakobus im Jahre 44 in Jerusalem wurde sein Leichnam, so heißt es in gängigen Versionen, von seinen Jüngern Theodorus und Athanasius an die Küste und dort auf ein Boot ohne Mannschaft gebracht. Gelenkt vom Engel des Herrn und auf die göttliche Fügung vertrauend, erreichten sie die Küste Nordwestspaniens und gaben Jakobus nach allerlei Verwicklungen eine letzte Ruhestätte. Der Platz lag im Landesinnern in einem gottverlassenen Wald-

stück namens Libredón. Dort legte sich im Laufe der Zeit Vergessen über das Grab, über dem acht Jahrhunderte später Sternenlichter zu leuchten begannen. Einsiedler Pelayo bemerkte sie als Erster, Bischof Theodemir entdeckte das Apostelgrab offiziell wieder. Umgehend bestätigte das Königshaus den Fund und ließ die Kunde in Europa verbreiten. Es war die Geburt der Wallfahrtsstätte Santiago de Compostela, die sich rund um eine erste bescheidene Grabeskirche entwickelte.

Weshalb jedoch der Bezug zu Spanien? Mittelalterlichen Quellen zufolge war Jakobus zu Lebzeiten jahrelang auf der Iberischen Halbinsel unterwegs gewesen, um Anhänger für den neuen Glauben zu gewinnen. Mit seiner Rückkehr als Toter schloss sich der Kreis. Oder basiert alles nur auf einer Erfindung? Was immer man, aus möglichst neutralem Blickwinkel, von dem Füllhorn der Legenden und Geschichten halten mag, ob nun ein Kern oder nur ein Körnchen Wahrheit in ihnen steckt – die nachfolgenden Tatsachen sind unanfechtbar. Santiago de Compostela stand im Mittelalter neben Rom und Jerusalem in der Reihe der wichtigsten Wallfahrtsziele der Christenheit, der Jakobsweg avancierte zu einem der bedeutendsten Pilgerwege und ist als solcher von der Unesco zum Kulturerbe der Menschheit erhoben worden.

Zustrom und Symbolcharakter

Der Zulauf auf dem „Camino de Santiago" feiert, wie allseits bekannt, eine blühende Renaissance, die in den achtziger Jahren zögerlich einsetzte. Plötzlich begannen Pilgerpioniere den international in Vergessenheit geratenen Weg neu zu beleben, Strecken mit Pinseln und Farbtöpfen in Händen gelb zu markieren. Die Besuche von Papst Johannes Paul II. in Santiago de Compostela rückten den Jakobskult stärker ins Bewusstsein. Die Berichterstattungen in den Medien häuften sich, Herbergen wurden wiedereröffnet. Bücher und neu gegründete Jakobusgesellschaften deckten die Nachfrage nach Informationen und spirituellen Anstößen, pfiffige Tourismusstrategen zielten mit Marketingoffensiven auf das „unentdeckte Spanien" ab. Eine Kettenreaktion, die zwischenzeitlich einen Höhepunkt erreicht hat. Angestachelt durch weitere Bücher und Public Relations, durch Filme, Reportagen, Mund-zu-Mund-Propaganda, Internetforen, Multimediashows, Vorträge, Pilgerblogs, gute Flugverbindungen und Angebote von Reiseveranstaltern.

Ob letztlich jeder Pilger an die Existenz der wahrhaftigen Jakobusreliquien in Santiago de Compostela glaubt, ist vielleicht gar nicht so wesentlich. Wichtig ist, dass sich der Mensch Ziele setzt. Nicht so sehr geographisch, vielmehr persönlich. Dank Apostel Jakobus, dank der Strecken auf dem Jakobsweg finden viele Menschen heute zu sich selbst – über den Umweg Santiago de Compostela. Ein Phänomen. Der Streckenverlauf mit Höhen und Tiefen trägt Symbolcharakter für das eigene Leben. Zweifel gehören dazu, Durststrecken, Passagen am Rande des Abgrunds. Dann wieder spürt man die Kraft und die Freude, die der Weg einem schenkt.

Kleine hinterlassene Kreuze bezeugen, ebenso wie die Steinmännchen, das Angekommen-Sein der Pilger und stehen für die besondere Verbundenheit zum Weg. Der schönste Kreuzehügel befindet sich auf der Passhöhe von Ibañeta.

Rucksack, Stab, bequemes Schuhwerk – typisches Pilger-outfit. Dieser junge Mann hat es fast geschafft. Ab der Praza de Cervantes im Zentrum von Santiago de Compostela verbleiben nur noch wenige Gehminuten bis zur sehnsüchtig erwarteten Kathedrale.

Wegstrecken, Antrieb und Pilger aus aller Welt

Wer heute vom Jakobsweg redet, meint in erster Linie den Klassiker: den sogenannten „Französischen Weg" vom Pyrenäenfuß in Saint-Jean-Pied-de-Port bis Santiago de Compostela. In Puente la Reina stößt der aus Jaca kommende Aragonesische Weg hinzu, generell breitet sich ein regelrechtes Netzwerk der Wege über Europa. Durch Frankreich laufen mehrere Hauptstrecken, unter anderem über Paris, Bordeaux, Le-Puy-en-Velay, Vézelay, Limoges und Toulouse. In Deutschland, Österreich und der Schweiz sind in jüngerer Zeit zahlreiche Streckenabschnitte neu ausgewiesen worden. Fernab des Apostelgrabes lässt sich der Jakobsweg somit stückweise in der eigenen Heimat gehen. Ein Tag, eine Woche. Anreißer, die die Neugier wachsen lassen. Manche Pilger brechen, wie vor Jahrhunderten, von zuhause auf und nehmen eine zuweilen 2500 Kilometer lange Strecke in Angriff.

Die zeit- und konkurrenzlose Faszination Jakobsweg machen die Menschen aus aller Welt aus, die den Weg unter einem gemeinschaftlichen Leitmotiv entlang pilgern: irgendwann Santiago de Compostela zu erreichen. Die Statistik verzeichnet Ankömmlinge aus rund 150 Nationen. Jeder mit seiner eigenen Bürde, seinen Wünschen, Bedürfnissen, den individuellen Antrieben zum Aufbruch. Im Mittelalter waren die Motive ebenso vielfältig und nicht einzig an Glauben und Hoffnung auf Ablass gekettet. Es gab Verurteilte, die auf Strafwallfahrt nach Santiago zogen. Es gab Menschen, die ein Gelübde erfüllten. Oder jene, denen der Vorwand der Pilgerschaft gelegen kam, um den Zwängen in der Heimat den Rücken zu kehren, zu reisen, sich in der Fremde ein neues Leben aufzubauen. Für viele bedeutete der Abmarsch den Abschied für immer von der eigenen Scholle. Heute überrascht, wie viele junge Leute sich auf den Weg machen. Die Altersgruppe der Zwanzig- bis Dreißigjährigen ist stark vertreten, der am häufigsten genannte Beruf Student.

Erfolgsgeheimnis Infrastruktur

In der vorbildlichen Infrastruktur mit ihren Herbergen und den bestens markierten Wegpassagen liegt ein Teil des heutigen Erfolgsgeheimnisses der Zuströme. Die Herbergen stehen in der Nachfolge der zahlreichen Klöster, die sich im Mittelalter um Aufnahme und Pflege der Fuß- und Reitpilger kümmerten. Wie spartanisch die Bleiben waren, lässt sich im französischen Landstrich Béarn in Lacommande beim Besuch der alten Herberge neben der Kirche ermessen. Hier spürt man noch heute die Kühle in die Gemäuer und auf die Schlafempore kriechen, obgleich der Pilgerunterschlupf einen neuen Rahmen als Zentrum für wechselnde Kunstausstellungen gefunden hat.

Über Benediktiner-, Augustiner- und Antonitergemeinschaften hinaus gab es früher Stützpunkte von Tempel- und Jakobusrittern, die sich dem

Schutz der Wallfahrer annahmen. Gefahren lauerten überall. Maurische Invasoren, Räuber, Wetterwechsel, Wölfe. Heute sind die Risiken überschaubarer geworden, aber nicht verschwunden. Man denke zum Beispiel an Irrwege in den winterlich verschneiten Pyrenäen. Obgleich viele Herbergen auch zur kühleren Jahreszeit öffnen, erstreckt sich die eigentliche Pilgersaison von Frühling bis Herbst. Allerdings muss nicht jeder zu Fuß oder mit dem Rad auf Achse sein, um den gelben Pfeilen und Muschelsymbolen zu folgen. Autofahrer und Busreisende finden die Strecke bestens beschildert und problemlos an die markantesten Stationen angebunden.

Vermarktung und Zukunft

Das größte Pilgeraufkommen herrscht erfahrungsgemäß in Heiligen Jahren, immer dann, wenn der 25. Juli, der Jakobustag, auf einen Sonntag fällt. So wie 2010. Heilige Jahre bringen Vermarktungsschübe mit sich, die in Spanien bis hin zu bedruckten Plastiktüten im Supermarkt und Bandenwerbung in Fußballstadien reicht. Medienspektakel wie das „große Promi-Pilgern" im Fernsehen hat der Jakobsweg ebensowenig verdient wie als Projektionsfläche für Satiren im Sinne der längsten Psychiatercouch der Welt herhalten zu müssen. Ob der „Camino de Santiago" über kurz oder lang aus der Mode gerät? Ist der an die Pilgerstrecke geknüpfte Modebegriff überhaupt der richtige Ausdruck? In Zukunft dürfte es gewiss die ein oder andere Wellenbewegung geben, doch der Jakobsweg mit seiner Verzahnung aus Kultur, Natur und Pilgeralltag lockt als einzigartiges Ziel. Er wird das bleiben, was er war und was er ist: die Route der Sehnsucht durch Spaniens Norden.

Muschelsymbole und gelbe Pfeile weisen Pilgern kontinuierlich den Weg. Dieses Zeichen an einer Hausfassade bei Melide ist besonders fantasievoll mit echten Jakobsmuscheln gestaltet.

Seite 20/21: So abwechslungsreich wie die Landschaft und die Monumente ist die Beschaffenheit des Weges selbst. Hier bei Reliegos führt der problemlos begehbare Pfad an der Straße entlang.

Seite 22/23: Astorga überrascht mit der Monumentalität der 1471 begonnenen Catedral de Santa María. Die Arbeiten zogen sich bis ins 18. Jahrhundert hin. Das Hauptportal zeigt das schöne Motiv der Kreuzabnahme.

BERGROUTE ÜBER DEN SOMPORT-PASS – DER ARAGONESISCHE WEG

Der Aragonesische Weg zieht sich zwischen Jaca und Puente la Reina durch eine weitgehend ländlich-abgeschiedene Gegend. Einen der schönsten Anblicke bietet das am Fuße der Pyrenäen gelegene Örtchen Berdún.

BERGROUTE ÜBER DEN SOMPORT-PASS – DER ARAGONESISCHE WEG

Nutzwert und faszinierende Architektur mischen sich bei der Vielzahl der Brücken am Jakobsweg. Diese Pilgerbrücke in Aragonien legt sich in bescheidenen Maßen bei Canfranc über den Río Aragón.

Bergflanken, kahl, kühl, majestätisch. Tau liegt auf den Wiesen, Hagebuttensträucher wiegen sich im Wind. Inmitten der Pyrenäen führt der Jakobsweg über den 1640 Meter hohen Pass von Somport und fällt zu Relikten aus alten Pilgerzeiten ab: den Resten des Hospital de Santa Cristina, kurz vor dem gesichtslosen Wintersportzentrum Candanchú. Wer am Zeitrad dreht, sieht das Spital als mittelalterliche Oase in der Berg-

einsamkeit, als Auffangbecken für Erschöpfte. Im 12. Jahrhundert stellte der Verfasser des Codex Calixtinus den Komplex von Santa Cristina neben Jerusalem und Mont-Joux in den Alpen als eines der „drei Hospitäler der Welt" heraus: „Diese Hospitäler sind an Punkten wirklicher Notwendigkeit gelegen. Es sind heilige Orte, Häuser Gottes, Orte der Rückgewinnung von Kräften der glückseligen Pilger, der Ruhe für die Bedürftigen, der Erleich-

terung für die Kranken, des Seelenheils für die Toten und der Hilfe für die Lebenden." Wer heute die Höhen bezwingt, verschafft sich ansatzweise eine Vorstellung von den Beschwernissen, denen die Pilger vor Jahrhunderten ausgesetzt waren. Ohne geeignetes Schuhwerk, ohne Markenrucksack, ohne Notruf per Handy, ohne markierte Passagen durch Eis und Schnee, verfolgt von hungrigen Wölfen. Wer es seinerzeit bis zum Spital schaffte, war noch lange nicht gerettet. Nicht wenige erlagen ihren Strapazen; nebenan lag der Friedhof. Geblieben sind Ruinen, manche hüfthoch, verstreute Steine.

Sehenswerte Klöster am Rande des Weges

Ein Stück tiefer rauscht der Río Aragón, der Pilger durch das Tal von Canfranc bis Jaca begleitet, der historischen Hauptstadt Aragoniens. Die Catedral de San Pedro gilt als erste romanische Kathedrale Spaniens und duckt sich in die stimmungsvolle Altstadt; der Vorplatz animiert zu einer Rast unter Arkaden. Ab Jaca läuft der Jakobsweg auf Puente la Reina de Jaca zu, zwischendurch verlockt das Gebirgskloster San Juan de la Peña zu einem Abstecher. Adelige und Könige ließen sich dort oben begraben, der offene Kreuzgang stößt an einen Felsüberhang. Auf seiner vermeintlichen Santiago-Pilgerschaft um 1213 soll der heilige Franz von Assisi hier Station gemacht haben. In der Nähe bieten sich über Busch- und Baumwerk hinweg spektakuläre Aussichten auf die Pyrenäenkette; im Talgrund verdient die romanische Kirche Santa Cruz de la Serós einen Zusatzstopp.

Im dünn besiedelten Aragonien zieht sich der Jakobsweg zum Stausee von Yesa. Hoch über der blaugrün schimmernden Fläche des „Pyrenäenmeers" thront, bereits in Navarra, das Kloster San Salvador de Leyre. Die Anlage im Schatten der Sierra de Leyre ist seit 848 dokumentiert, wurde

Ende des 10. Jahrhunderts von Mauren zerstört und neu erbaut. Die Krypta mit ihren wuchtigen Säulen und Kapitellen markiert einen Höhepunkt der Romanik. Hinter dem figurenreichen Portal Speciosa geht es in die romanisch-gotische Kirche hinein, in der die Bögen in leichter Neigung dastehen und Gläubige das Bildnis der Santa María de Leyre verehren. Eine Grabtruhe bewahrt die sterblichen Reste mehrerer Könige Navarras. Früh morgens und abends findet sich die Gemeinschaft der Benediktiner zu gregorianischen Gesängen ein. Stimmungsvoll.

In exponierter Lage legt sich die mediävale Burg von Javier über den Fels und erlaubt den Fernblick auf die Sierra de Leyre, über der häufig Gänsegeier kreisen. Das Kastell bewahrt das Gedenken an den hier geborenen Franz Xaver (1506–1552), den Patron Navarras, der nach seinem Studium in Paris im Dienste der Jesuiten zur Mission nach Indien auszog. Das heutige Javier ist Wallfahrtsort, in der Burganlage besucht man das Heiligenzimmer mit seinen massigen Balken und Steinwänden. In der Kleinstadt Sangüesa stößt man erneut an den Río Aragón, über dessen Ufern sich die Kirche Santa María la Real mit

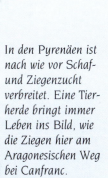

In den Pyrenäen ist nach wie vor Schaf- und Ziegenzucht verbreitet. Eine Tierherde bringt immer Leben ins Bild, wie die Ziegen hier am Aragonesischen Weg bei Canfranc.

ihrem achteckigen Wehrturm erhebt. Imposanter ist das südliche Figurenportal, ein Tummelplatz von Fabelwesen und Aposteln, von Christus als Pantokrator und Maria als Himmelskönigin. Nur ungern löst man sich von dem einzigartigen Ensemble, zumal die Papierfabrik am Stadtrand zum Himmel stinkt. Genau dort führt der Jakobsweg entlang, entweder über Rocaforte oder durch die Geierschlucht von Lumbier.

Die Windkrafträder in der Sierra de Izco lassen die Moderne ebenso wenig ausblenden wie die neue Autobahntrasse Pamplona-Jaca. Zwischenstation ist das Brückenörtchen Monreal zu Füßen des konischen Bergkegels Higa de Monreal, ehe es über Tiebas weitergeht zum oktogonalen Heiligtum Santa María de Eunate mit seinem Arkadenhof, ein weiteres Wunderwerk der Romanik. Einige Kilometer später vereint sich der Aragonesische Weg am Ortsrand von Puente la Reina mit dem Französischen Weg. Ein Denkmal zeigt die Schnittstelle in Form einer Pilgerskulptur mit weiter Pelerine und breitkrempigem Hut an. „Vorwärts, nur Mut!", scheint der metallene Pilger auszudrücken. Knapp 700 Kilometer noch bis Santiago.

Ab dem Aragonesischen Weg hinter Jaca lohnt ein Abstecher zur denkmalgeschützten Klosterkirche Santa Cruz de la Serós. Einst lebten hier Nonnen. Dieser Abstecher lässt sich gut mit einem weiteren Kloster, San Juan de la Peña, kombinieren.

Eines der schönsten
Kirchenportale ist
in Sangüesa an der
Iglesia de Santa
María la Real zu
sehen – ein wahres
Bilderbuch in Stein.
Die Namensgeberin
des Gotteshauses
ist in der Mitte der
unteren Reliefreihe
zugegen: die „könig-
liche Maria".

Linke Seite:
Rund um den Somport-Pass bewegt man sich auf Höhen um 1640 Meter. Vegetation und Pyrenäenkulissen sind grandios. Allerdings spielt das Wetter nicht immer mit.

Links:
Auf der Passhöhe von Somport versinnbildlicht eine moderne Pilgerskulptur die Wallfahrten nach Santiago. Gestützt auf den Stab, geht es voran.

Seite 32/33:
Zwischen der Passhöhe von Somport und Jaca rauscht der Río Aragón ins Tal. Zur Friedensstimmung mit Flüsschen und Berghängen passt eine Schafherde, hier bei Canfranc.

Ganz links:
Der Aufstieg auf den Pass von Somport gehört zu den größten Beschwernissen auf dem Jakobsweg. Über die Verschnaufpause hinaus bietet sich ein Pilgerkapellchen für die innere Einkehr an.

Links:
Der Markierungsstein zeigt es an: 858 Kilometer verbleiben ab der Passhöhe von Somport bis zum Sehnsuchtsziel Santiago de Compostela.

Linke Seite:
Die Klosterkirche Santa Cruz de la Serós liegt ein wenig abseits des Aragonesischen Weges. Im Mittelalter hing die Anlage vom höher gelegenen Monasterio de San Juan de la Peña ab. Erhalten hat sich eine eindrucksvolle Romanik.

Das Kloster San Juan de la Peña hat seinen Ursprung im 10./11. Jahrhundert, doch eine Legende verweist auf noch ältere Wurzeln. Die Anlage wird von einem Felsüberhang überspannt, an den der Kreuzgang mit seinen fantasievoll gestalteten Kapitellen stößt.

Gesamtansicht des Klosters von San Juan de la Peña – Mittelpunkt ist der offene Kreuzgang mit seiner Bogengalerie. Heute leben keine Mönche mehr hier, umso schöner ist ein touristischer Streifzug.

Je nach Jahreszeit
zeigt sich der
Jakobsweg in ganz
anderem Licht.
Empfehlenswert ist
der Herbst, der solche
Bilder schafft, wie im
Tal des Río Veral
bei Berdún.

Der Río Veral
ist ein kleiner
Pyrenäenzufluss in
den Río Aragón.
In der busch- und
waldreichen Land-
schaft ist es nicht weit
bis zu den kargen
Hochgebirgsflanken
der Pyrenäen.

Der Embalse de Yesa, ein Stausee, geht auf eine große Flutung Ende der 1950er Jahre zurück. Das Gewässer gehört größtenteils zu Aragonien, ein kleiner Teil entfällt auf Navarra.

Typisch für den Stausee von Yesa ist das schimmernde Blau und Türkis. Das „Pyrenäen-Meer", so sein Beiname, dient als Trinkwasserreservoir.

Seite 38/39: Wer ein wenig abseits des eigentlichen Jakobsweges in die Sierra de Leyre mit ihrer „Virila-Quelle" wandert, genießt einen der schönsten Ausblicke in Nordspanien. Auf einem Zwischenplateau liegt das Kloster von Leyre, tief in der Senke der Stausee von Yesa.

*Rechts:
Das Gebirgskloster
San Salvador de
Leyre – in Kurzform
als Leyre bekannt –
liegt in der Einsam-
keit zwischen der
Sierra de Leyre und
dem Yesa-Stausee.
Im Gegensatz zur
romanischen Krypta
und der romanisch-
gotischen Kirche
datieren neuere Bau-
teile aus dem 17. und
18. Jahrhundert.*

Links:
In Sichtweite der
Sierra de Leyre legt
sich die Burg von
Javier über einen
Fels. Hier wurde im
Jahre 1506 der
heilige Franz Xaver
geboren, der sich
später im Dienste
der Jesuiten in Indien
verdient machte
und Taufzeremonien
vollzog, bis ihm der
Arm schmerzte.

Rechts:
„Speciosa" heißt
das Portal, das im
Kloster San Salvador
de Leyre den Weg
in die Kirche freigibt.
Im Bogenfeld sind
der Heiland, Maria
und einige Heilige
erkennbar; das Werk
geht auf Meister
Esteban zurück.

Ganz rechts:
Alabasterfenster,
geneigte Säulen
und das Bildnis der
Santa María de
Leyre verleihen der
Klosterkirche San
Salvador de Leyre
eine einzigartige
Stimmung. Regel-
mäßig finden sich die
hier lebenden Bene-
diktiner zu Messen
mit gregorianischen
Gesängen ein.

Die Krypta des
Klosters von Leyre
gilt als romanisches
Meisterwerk.
Geweiht wurde sie
im Jahre 1057.

Segensworte und Segenswünsche

Der Jakobsweg ist keine Marathonstrecke, keine Rennbahn, auf der man seine körperliche Ausdauer unter Beweis stellt, mahnt ein spiritueller Pilgerführer der Erzdiözese Santiago de Compostela. Wer pilgert, müsse die Zeit als Geschenk verstehen. Und weiter, an jeden einzelnen Pilger gerichtet: „Wenn du dich vom Strudel der Eile mitreißen lässt, läufst du Gefahr, den Weg zu gehen, ohne dass er in dich geht." In unseren rastlosen Zeiten wächst mit der Sehnsucht nach Flucht- und Haltepunkten das Verlangen nach spirituellem Geleit. Segensworte und Segenswünsche sind dahingehend ein wahrer Segen. Obgleich seit dem Mittelalter belegt, haben die Pilgersegnungen mit den Zuströmen auf dem Jakobsweg ihre Wiedergeburt erlebt. Da werden Rucksack und Stab gesegnet, da nimmt man die begleitenden Worte dankbar auf. Das kann in der Heimatpfarre, das kann in einem Gotteshaus am Jakobsweg sein. Unterwegs wird der Pilgersegen im Kloster von Roncesvalles ebenso gespendet wie in der Marienkirche in Los Arcos, bei den Benediktinerinnen von León und im galicischen Bergheiligtum O Cebreiro. Dort heißt es: „Möge Gott die Pilgerinnen und Pilgern über Tag mit seinem Schatten schützen und des nachts mit dem Licht seines Blickes erhellen."

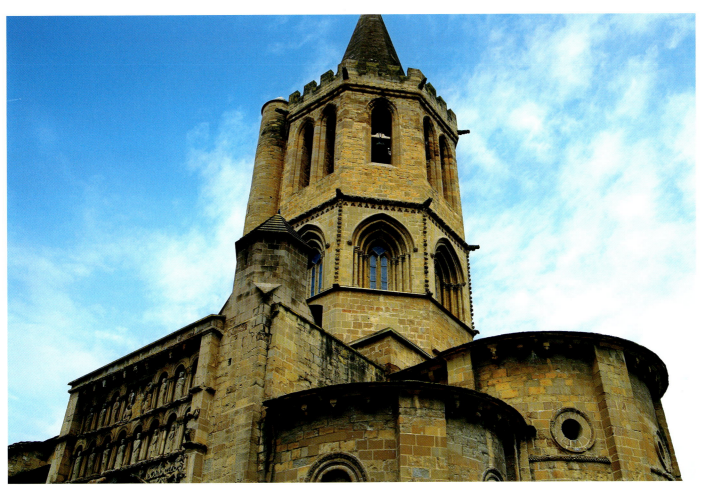

Im Jakobswegstädtchen Sangüesa fällt die Kirche Santa María la Real nicht nur wegen ihres formvollendeten Hauptportals auf. Weitere Besonderheit ist der oktogonale Turm mit seinem angesetzten Wehraufgang.

Seite 44/45:
Die Stimmungen auf dem Jakobsweg verzabern. Glasklares Licht, Gebirgslandschaft unter dem Mond – hier im Tal des Río Aragón.

Alle Wege führen nach Santiago – die großen Routen

Nicht weniger als siebzig Nationen und Volksstämme machte der Verfasser des Codex Calixtinus im 12. Jahrhundert unter den Santiago-Ankömmlingen aus. Deutsche, Italiener, Rumänen, Franzosen, Griechen, Armenier und viele mehr. Eine lange Liste. Zu Fuß und zu Pferd gelangten sie allesamt ins äußerste Nordwesteck Spaniens und folgten mehr oder minder feststehenden Routen. Die geringsten Distanzen legten dabei Bootspilger zurück, die in den galicischen Atlantikhäfen La Coruña und El Ferrol eintrafen. Ab La Coruña waren es 74, ab El Ferrol 118 Marschkilometer bis Santiago de Compostela. Diese Varianten wurden häufig von Iren, Engländern und Wallfahrern aus Skandinavien genutzt. Andere Schiffspilger aus England, aber auch aus Holland und dem nördlichen Frankreich gingen an der französischen Atlantikküste von Bord und hatten

ab der Gironde-Mündung gut tausend Kilometer vor sich. Durch Aquitanien und das Baskenland folgten sie dem Küstenweg, der sich auf spanischer Seite als Nordweg fortsetzte. Auf diesem ging es über San Sebastián, Bilbao, Santander und Santillana del Mar, ehe man auf der Höhe von Ribadeo ins Landesinnere abknickte.

An den Küsten hatten Pilger vor Jahrhunderten immer wieder mit Schwierigkeiten zu kämpfen. Unverhofft tauchten Klippenzonen, Meeresarme und breite Flussmündungstrichter auf, die sich schwerlich umgehen ließen und Wallfahrer in die Arme oftmals betrügerischer Fährschiffer trieben. Die Inlandvarianten waren deutlich stärker frequentiert,

obgleich es dort zu Gefahren von Wetterwechseln und größeren Strapazen in den Berggebieten kam. Die höchsten Gebirgsstrecken lagen in den Pyrenäen, wo sich zwei markante Pilgerübergänge herauskristallisierten: der Pass von Ibañeta (1057 Meter) und der Pass von Somport (1640 Meter). Den Pass von Ibañeta kreuzten all jene, die die Pyrenäen von Saint-Jean-Pied-de-Port her auf dem Französischen Weg angingen.

Via Podiensis, Via Lemovicensis, Via Turonensis, Via Tolosana

Kurz vor Saint-Jean-Pied-de-Port liefen in Ostabat drei maßgebliche Hauptwege durch Frankreich zusammen: die Via Podiensis, die Via Lemovicensis und die Via Turonensis. Auf der Via Podiensis, benannt nach der in der Auvergne gelegenen Wallfahrtsstadt Le Puy-en-Velay, waren viele Pilger aus Österreich und der Schweiz unterwegs, die durch das Rhônegebiet und das südliche Frankreich zogen; Aubrac, Conques, Figeac, Cahors und Aire sur l'Adour fungierten als wichtige Durchgangspunkte. Die Via Lemovicensis ging auf Limoges zurück, wo Pilger von den Ardennen und Lothringen her zustießen; zu den nachfolgenden Stationen zählten Périgueux, Bergerac, Bazas und Mont-de-Marsan. Maßgeblich für Pilger aus Nord- und Mitteleuropa war die Via Turonensis, abgeleitet von der Stadt Tours. Hierhin gelangte man auf einer Variante über Köln, Aachen, Maastricht, Brüssel, Valenciennes, Paris und Orléans. Ab Tours ging es über Poitiers in Frankreichs Südwesten hinein, wo man Blaye, Bordeaux, Dax und Peyrehorade erreichte.

Zurück zu den Pyrenäen. Klassiker ist der Französische Weg über den Ibañeta-Pass geblieben, während die zweitwich-

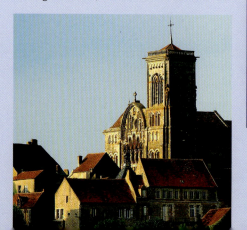

tigste Bergroute seit ehedem ab Oloron-Sainte-Marie auf dem Aragonesischen Weg über den Somport-Pass nach Jaca führt. In Oloron-Sainte-Marie vereinten sich der Pyrenäenweg und die Via Tolosana. Der Pyrenäenweg führte von der Mittelmeergegend über Béziers, Narbonne, Carcassonne, Foix, Saint-Lizier und Lourdes heran. Die Via Tolosana wurde nach dem großen Sammelpunkt Toulouse benannt und von Italienern, Schweizern und Österreichern bevorzugt; ab Toulouse spannte sich die Via Tolosana in Frankreichs Süden über Auch, Molaàs und Lescar. Zu bezweifeln steht, dass jeder Pilger im Mittelalter ein Auge für den Zauber der Landschaften und Kulturdenkmäler hatte. Man denke nur an die welligen Traumweiten der Champagne, die romanische Abteikirche Sainte-Foy in Conques oder die Cathédrale Saint-André in Bordeaux, eine massige Glaubensfestung, 44 Meter breit, 124 Meter lang. Oft genug beschränkte sich das Trachten und Sehnen im Pilgeralltag auf Essen und Unterkunft, die man in zahlreichen Klöstern am Wege fand.

In Spanien trafen der Französische und der Aragonesische Weg in Puente la Reina zusammen; diese wichtige Vereinigung der Wege 25 Kilometer südwestlich von Pamplona stellte bereits der Codex Calixtinus heraus. Fortan führte ein einziger Hauptstrang über Estella, Logroño, Burgos, León, Astorga, Ponferrada und Sarria ins galicische Santiago de Compostela. Mit der Via de la Plata aus Sevilla und dem Portugiesischen Weg nahm Galicien weitere Routen von Süden her auf, während aus dem Nordosten ein Wegzubringer von der asturischen Hauptstadt Oviedo her zustieß. Merke: Alle Wege führen seit jeher nach Santiago de Compostela. Ab dort legten manche Pilger zusätzlich einige Tagesetappen zum Kap Fisterra zurück, dem „Ende der Welt".

Seite 48/49:
Durch die Schlucht
von Lumbier, Foz de
Lumbier, verläuft
hinter Sangüesa eine
von zwei möglichen
Varianten des Ara-
gonesischen Weges.
Im Vordergrund
sieht man Reste
der „Teufelsbrücke",
am Himmel kreisen
häufig Gänsegeier.

Das Örtchen Lumbier
ist Namensgeber der
nahen Schlucht,
durch die Jakobspilger
noch heute ziehen.
In Lumbier selbst legt
sich eine steinerne
Brücke über den
Fluss Irati.

Rechts:
Es muss nicht
immer ein moderner
Teleskopstock sein.
Traditionell tut
auch ein Stab aus
Holz gute Dienste.

Ganz rechts:
„Ziehe deine Schuhe
von deinen Füßen,
denn der Ort, auf
dem du stehst, ist
heiliger Boden",
zitiert ein spiritueller
Wegbegleiter zu
Eunate die Worte
Gottes, die er an
Mose richtete. Ob
dieser Pilger die
Worte im Kopf
gehabt hat ...?

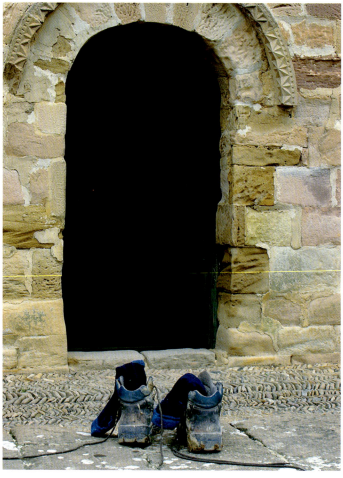

Das Kirchlein Santa María de Eunate – kurz als Eunate bekannt – liegt am Ende des Aragonesischen Weges wenige Kilometer vor Puente la Reina. Der Ursprung des romanischen Baus liegt um 1170.

Eunate ist von einem Bogengang umgeben, der im Mittelalter überdacht war und Pilgern Schutz geboten haben dürfte. Der Ursprung der Anlage gibt der Forschung bis heute Rätsel auf. Eine weit verbreitete These weist auf eine Gründung durch den Templerorden.

Seite 52/53:
In Puente la Reina vereinen sich der Aragonesische und der Französische Weg. Am Ortsende ziehen Pilger über die romanische Flussbrücke, die bei Windstille ihr Spiegelbild in den Río Arga wirft.

51

ERSTE WANDERREGION DES KLASSISCHEN FRANZÖSISCHEN WEGES

Markante Station am Jakobsweg durch Navarra ist das Kloster Irache, gelegen in einem Weinbaugebiet am Ortsrand von Ayegui. Die einst von Benediktinern bewohnte Anlage ist seit dem Jahr 958 dokumentiert.

Erste Wanderregion des klassischen Französischen Weges – Navarra

Kreuze, winzig kleine Kreuze. Handgebunden aus Zweigen, niedergelegt auf der Passhöhe von Ibañeta. Zeichen der Ankunft, Zeichen des Fortbestands historischer Pilgersitten. Hier, auf 1057 Metern, ist er geschafft, der Zug über die Pyrenäen. Zurück, tief im Tal, liegt Saint-Jean-Pied-de-Port, eine knappe halbe Wegstunde voraus das Kloster von Roncesvalles. In der Gebirgsluft erinnert ein Denkmal an Roland, den legendären Helden, der 778 die Nachhut Karls des Großen anführte, in einen Hinterhalt der Sarazenen geriet und mit seinem Wunderschwert Durandal bis zum letzten Atemzug kämpfte. Manche Quellen vermuten, dass Roland im Klosterkomplex von Roncesvalles im Untergrund der Kapelle Sancti Spiritus begraben liegt. Unzweifelhaft bestattet wurden dort zahlreiche Pilger; eine Luke gibt den Blick auf schaurige Knochenberge frei.

Ansonsten geht es lebendig zu im früheren Augustinerkloster, wo die Pilgerherberge die Ausgelaugten aufnimmt. Die frühgotische Klosterkirche wird von Buntglasfenstern und einem versilberten Bildnis der Madonna beherrscht. „Möge dich der beschützende mütterliche Zug der heiligen Jungfrau von Roncesvalles immer auf dem Weg begleiten", heißt es auf einer Tafel. Kirchenstifter Sancho VII. der Starke hat seine letzte Ruhe im Kapitelsaal gefunden, wo ein Monumentalfenster die Schlacht von Navas de Tolosa zeigt. Sancho war als König Navarras dabei, als die Christentruppen bei jenem Gemetzel im Jahre 1212 die Oberhand über die Muselmanen behielten, und brachte als Siegestrophäe einen Smaragd aus dem Turban des Maurenführers Miramamolín mit; der Edelstein glänzt als Prunkstück einer Vitrine im Klostermuseum.

Das Gebirgspanorama rund um den 1057 Meter hohen Pass von Ibañeta ist beeindruckend. Allerdings muss man Glück mit dem Wetter haben; in manchen Jahren fällt sogar noch im Frühling Schnee.

Von der Abgeschiedenheit der Natur in die Hauptstadt Navarras

Ginstersträucher, Kiefern, Wiesen, Weiden, Buchenwälder, Bachläufe. Mutter Natur gibt den Weg zwischen Roncesvalles und dem knapp 50 Kilometer entfernten Pamplona vor. In Burguete und Espinal ziehen sich die Steinhäuserschneisen eng zusammen, hinter dem Pass von Erro fallen Pfad und Straße ins Tal des Río Arga ab. Die Dorfbrücken von Zubiri und Larrasoaña legen sich malerisch über den Fluss, bis die Außenbezirke von Pamplona aus der Abgeschiedenheit schrecken. In der mit 200 000 Einwohnern größten Stadt am klassischen Jakobsweg zeichnet sich aus der Ferne das Kathedralplateau ab. Der Weg schlängelt sich zwischen Bollwerken durch und steigt zur Altstadt an mit ihrem Barockrathaus und der großen Plaza del Castillo, wo es sich Ernest Hemingway bei seinen Besuchen wohlergehen ließ und immer wieder Proteste aufflammen.

Navarra ist zwar Navarra und Pamplona die Hauptstadt, doch all dies befindet sich im alten Siedlungsgebiet der Basken. Die Konstellation erklärt nicht nur das Konfliktpotenzial, wenn es um radikale Parolen für ein unabhängiges Baskenland geht, sondern auch die Doppelnamen in der Region; Pamplona heißt auf Baskisch Iruña. Die Kirchen San Nicolás und San Saturnino tragen typischen Wehrcharakter, die Kirche San Lorenzo birgt die Reliquien des San Fermín. Nichts in Pamplona ist heilig, wenn in des Stadtpatrons Namen die Fiesta Sanfermines zwischen dem 6. und 14. Juli ansteht und ihrer eigenen Dynamik folgt. Allmorgendlich laufen Kampfstiere durch die Gassen, in denen einige tausend Läufer Sprintkraft und promillegestärkten Mannesmut gegen die Hörner aufbieten. Reichlich Arbeit für das Rote Kreuz ...

Höhepunkte am Weg: Puente la Reina und der Weinbrunnen bei Estella

In der Sierra del Perdón markieren Windkrafträder und ein Pilgermonument den Übergang vom Vorpyrenäenbecken Pamplonas in den Landstrich Valdizarbe. Eine fruchtbare Gegend mit Getreide, Paprika, Spargel, Tomaten, Weintrauben. Uterga und Muruzábal geben sich als freundliche Durchgangsdörfer, in Obanos spenden die Kirchen-

Ein Gedenkstein am Zugang zur Klosteranlage von Roncesvalles zeigt den legendären Helden Roland, der 778 bei der Schlacht von Roncesvalles fiel. Begraben könnte er in der benachbarten Kapelle Sancti Spiritus sein, doch genau weiß man es nicht. Dazu liegen die Ereignisse zu lange zurück.

arkaden Kühle. Nächste Station ist Puente la Reina, wo zu Ortsbeginn der Aragonesische Weg hinzustößt. Ein Bogen verbindet das einstige Pilgerspital mit der Iglesia del Crucifijo, ein maurisch inspiriertes Stufenportal umrahmt den Eintritt in die Iglesia de Santiago mit ihrem Bildnis des „Schwarzen Jakobus". Am Ortsende biegt sich die Pilgerbrücke über den Arga, ein Musterbeispiel der Romanik.

Estella stimmt mit der Iglesia de Santo Sepulcro auf seine Baukunst ein, die sich in der Altstadt mit den wehrhaften Kirchen San Miguel und San Pedro de la Rúa fortsetzt. Der romanische Palast der Könige Navarras beeindruckt mehr in Außenansicht; im Inneren ist die royale Mittelalterpracht einer Werkschau des Malers Gustavo de Maeztu gewichen. Weingärten breiten sich rund um das Kloster Irache aus, wo der Weinbrunnen auf den Geschmack bringt. Per Hahnumdrehen perlt ein kostenloser Schluck hervor, falls die Vorangezogenen das Depot nicht unter allzu großem Weindurst geleert haben. Villamayor de Monjardín breitet sich zu Füßen des Burghügels aus, Viana ist als Grabort des Cesare Borgia (1475–1507) bekannt und schließt Navarra ab. Voraus wartet das Becken des Ebro mit der Weinregion La Rioja.

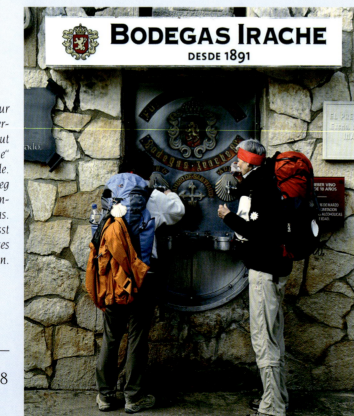

Irache ist nicht nur als historische Klosteranlage und Weingut „Bodegas Irache" in aller Munde. Direkt am Pilgerweg liegt auch der Weinbrunnen der Bodegas. Mit etwas Glück lässt sich ein kostenloses Schlückchen abzapfen.

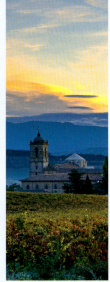

In Pamplona führt der Weg in die gotische Kathedrale Santa María, die die Altstadt beherrscht. Im Altarraum thront das Bildnis Mariens unter einem Baldachin.

Seite 60/61: Das von grüner Pyrenäenlandschaft umgebene Saint-Jean-Pied-de-Port dient vielen heutigen Pilgern als Einstiegspunkt auf den Jakobsweg. Die Gegend produziert auch einen hervorragenden Wein und trägt als „AOC Irouléguy" eine geschützte Herkunftsbezeichnung (Appellation d'Origine Contrôlée, kurz AOC).

Linke Seite: Saint-Jean-Pied-de-Port bietet geballten französischen Charme auf. Jakobspilger ziehen durch das historische Stadttor Saint-Jacques ein, in der Unterstadt legt sich eine malerische Brücke über die Nive.

Unvergesslich bei der Überquerung der Pyrenäen sind die Berg- und Talpanoramen. Die würzig-frische Luft spült Lungen und Kopf durch.

Schroffe Felsformationen, saftgrüne Wiesen – so sieht es oberhalb von Saint-Jean-Pied-de-Port aus. Das über alle Maßen kräftezehrende Jakobswegstück vom französischen Saint-Jean-Pied-de-Port zum spanischen Kloster von Roncesvalles ist über 20 Kilometer lang.

Wer ab Saint-Jean-Pied-de-Port den Aufstieg zum Pass von Ibañeta glücklich geschafft hat, legt ein Zeichen des Dankes nieder. Manche Pilger binden kleine Kreuze zusammen und lassen sie neben der modernen Kapelle San Salvador zurück.

Jakobsweg mit Zuschauern – das Tal des Río Valcarlos eignet sich hervorragend für die Schafzucht. Der Schafkäse aus den Pyrenäen genießt einen exzellenten Ruf.

Der Pass von Ibañeta wird vom Gedenkstein für Roland überragt. Der im mittelalterlichen Rolandslied verewigte Held, historisch Markgraf der Bretonischen Mark, kam Mitte August 778 bei der legendären Schlacht von Roncesvalles ums Leben.

Beim Weg von Saint-Jean-Pied-de-Port zum Pass von Ibañeta gilt es, seine Kräfte gut einzuteilen. Der Höhenunterschied beträgt rund 850 Meter. Oft hängen Nebel und Regenschauer über dem Pfad.

Das große Kloster von Roncesvalles wurde 1132 begründet und lag lange in Händen von Augustinern. Im Mittelpunkt des Komplexes steht die Kirche.

Nicht alles ist zwangsläufig alt in der Klosteranlage von Roncesvalles. Neuerdings bieten Apartments eine für manchen Pilger willkommene Alternative zur Klosterherberge.

In der Klosterkirche
von Roncesvalles
verehren die Gläu-
bigen das gotische
Bildnis der Madonna
mit dem Kinde,
mutmaßlich das
Werk eines Meisters
aus Toulouse.

Ganz links:
Im Gegensatz zur
silberverkleideten
Madonna kommt in
der Klosterkirche von
Roncesvalles eine
Skulptur des Jakobus
eher unscheinbar
daher. Hier ist der
Heilige als Pilger
dargestellt; am Stab
ist der Trinkkürbis
befestigt.

Links:
Ein gotisches
Pilgerkreuz weist
den Weg von
Roncesvalles nach
Burguete. Heute
führt ein Sträßchen
direkt vorbei.

Seite 68/69:
Die Vorpyrenäen-becken Navarras sind fruchtbares Agrarland. Hier wachsen Getreide und Raps, mancherorts werden Spargel und Weintrauben angebaut.

Die über den Altstadtmauern thronende Kathedrale von Pamplona bekommen Pilger schon aus der Ferne zu Gesicht. Die doppeltürmige Hauptfassade weist nach Westen.

In der Kathedrale von Pamplona haben Navarras König Karl III. der Edle, Carlos III. el Noble, und seine Gattin Leonor de Trastámara ihre letzte Ruhe gefunden. Der flämische Bildhauer Jehan Lome schuf das prächtige Alabastergrabmal.

70

Über den gebühren-
pflichtigen Umweg
Diözesanmuseum
führt der Weg in
den Kreuzgang der
Kathedrale von
Pamplona. Die
Pracht hat schon
viele Reisende beein-
druckt, so auch
1843 den französi-
schen Romancier
Victor Hugo.

Der Kreuzgang der
Kathedrale von
Pamplona wurde
1280 bis 1375 in
gotischem Stil erbaut.
Beim Besuch geht
man über Grab-
platten. Eine eigene
Grabkapelle ist
Bischof Barbazán
gewidmet.

Dreh- und Angel-
punkt in Pamplona
ist die von Platanen
bestandene Plaza del
Castillo. Hier ließ es
sich schon Ernest
Hemingway bei
seinen Stadtbesuchen
wohlergehen.

In der Innenstadt
von Pamplona
erinnert an der
Avenida Carlos III.
el Noble ein modernes
Denkmal an den
„encierro", das weltbe-
rühmte Stiertreiben,
das während der
großen Fiesta vom
6. bis 14. Juli an
acht Vormittagen
hintereinander startet.

Die Jakobsmuschel

Ein echter Pilger fühlt sich ohne die Schale der berühmten Jakobsmuschel regelrecht nackt. Im Vorfeld der Reise lässt sie sich bei Internetverkäufern ordern, unterwegs bekommt man sie günstiger in Kirchen und Klöstern und am Ende in Santiago de Compostela gleich körbeweise in den Andenkenläden der Altstadt. Die Muschel als verbindendes Symbol der Jakobspilger ist allerdings keine Idee der Tourismusindustrie, sondern blickt auf eine lange Geschichte zurück. In den Frühzeiten der Wallfahrten erhielt man die Muscheln im atlantiknahen Santiago de Compostela zum Zeichen der Ankunft. Während Pilger die hellen Schalen einst an ihren Umhängen befestigten, prangen sie heute am Rucksack oder an Radpacktaschen. Ein gerne gekauftes Standardmodell ist mit einem in Rot aufgemalten Schwertkreuz der Jakobusritter und einer Schnur versehen, die man leicht um den Hals legen kann. Ihren praktischen Zweck hat die im Durchmesser bis zu 15 Zentimeter große Pecten jacobaeus, wie sie wissenschaftlich heißt, seit jeher als Schöpf- und Trinkgefäß erfüllt. Damals wie heute. Es gibt kaum Schöneres als einen kühlen Schluck Brunnenwasser aus der Schale der Jakobsmuschel – vom Wein ganz zu schweigen …

Das Muschelmotiv des Jakobsweges ist auch auf Pamplonas Hauptplatz, der Plaza del Castillo, zugegen. Zu sehen ist es unterhalb des zentralen Pavillons.

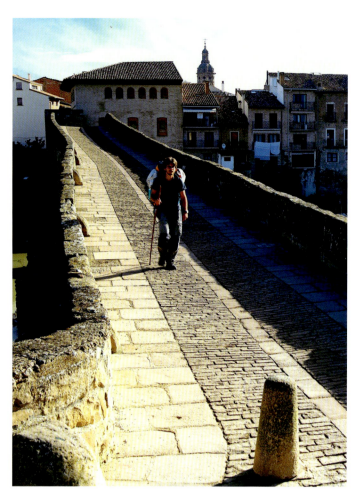

Rechts:
Wie viele Millionen
und Abermillionen
Pilger mögen sie
bereits überquert
haben? Seit dem
11. Jahrhundert
spannt sich die
romanische Brücke
von Puente la Reina
über den Río Arga.

Ganz rechts:
Dieses moderne
Jakobusmonument
steht auf einer
kleinen Verkehrsinsel
am Ortsrand von
Puente la Reina. An
dieser Stelle laufen
der Französische und
der Aragonesische
Weg zusammen.

„Puente la Reina"
steht für „Brücke
der Königin". Im
11. Jahrhundert
soll Doña Mayor
das Bauwerk
gestiftet haben,
das den Geschäften
der Flussschiffer
ein Ende bereitete.

74

Zwischen Puente la Reina und Estella läuft der Jakobsweg durch ländliches Gebiet, wird jedoch zuweilen von der neuen Autobahn Pamplona-Logroño beeinträchtigt. Dieses Wegstück bei Cirauqui zählt zu den angenehmeren.

Oftmals deckte sich der Verlauf des Jakobsweges mit alten Römertrassen. Ein gutes Beispiel bietet Cirauqui, wo es auf dem Pfad unterhalb des Ortes über eine römische Brücke geht.

Der heilige Jakobus – „Menschen-fischer" und „Maurentöter"

E r lebte am See Genezareth und war ein einfacher Fischer, den Jesus in einen „Menschen-fischer" im Dienste des Glaubens verwandelte: Jakobus, der Sohn des Zebedäus, Bruder des Johannes. Im Gegensatz zu anderen Aposteln wie Paulus erfahren wir in der Heiligen Schrift kaum etwas über Leben und Wirken des Jakobus, doch die Textstelle zu seinem gewaltsamen Tod unter Herodes Agrippa I. prägt sich unweigerlich ins Gedächtnis. „Jakobus, den Bruder des Johannes, ließ er mit dem Schwert hinrichten", heißt es in der Apostelgeschichte. Dies begab sich mutmaßlich im Jahre 44 in Jerusalem. Doch was geschah nach dem Martyrium? Wie gelangten die sterblichen Reste dorthin, wo sie heute verehrt werden, nach Santiago de Compostela in Spanien?

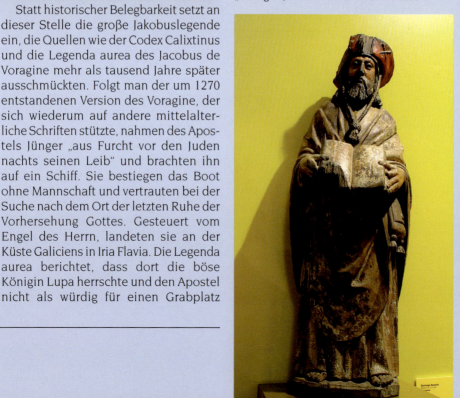

Statt historischer Belegbarkeit setzt an dieser Stelle die große Jakobuslegende ein, die Quellen wie der Codex Calixtinus und die Legenda aurea des Jacobus de Voragine mehr als tausend Jahre später ausschmückten. Folgt man der um 1270 entstandenen Version des Voragine, der sich wiederum auf andere mittelalterliche Schriften stützte, nahmen des Apostels Jünger „aus Furcht vor den Juden nachts seinen Leib" und brachten ihn auf ein Schiff. Sie bestiegen das Boot ohne Mannschaft und vertrauten bei der Suche nach dem Ort der letzten Ruhe der Vorhersehung Gottes. Gesteuert vom Engel des Herrn, landeten sie an der Küste Galiciens in Iria Flavia. Die Legenda aurea berichtet, dass dort die böse Königin Lupa herrschte und den Apostel nicht als würdig für einen Grabplatz

befand. Statt dessen versuchte sie die Jünger – es waren Theodorus und Athanasius – mit hinterhältigen Manövern zu täuschen und zu töten. Dank göttlicher Hilfe überstanden die beiden eine Kerkerhaft, eine militärische Hetzjagd und Begegnungen mit einem Drachen und wilden Stieren.

Nach diesen unfreiwilligen Abenteuern bestiegen die Jünger einen Ochsenkarren, luden den unversehrt gebliebenen Leichnam des Jakobus auf und vertrauten abermals der Fügung Gottes. Als der Karren in einem Wald zum Stehen kam, wussten sie, dass dort und nirgendwo anders der vorbestimmte Platz war. Sie bestatteten den Apostel und fanden später an seiner Seite ihre eigene letzte Ruhe. Das Grabmal befand sich inmitten der Einsamkeit, doch war es, so sagt man, den Dörflern aus dem Umland durchaus bekannt. Trotzdem legte sich im Laufe der Zeiten Vergessen über die Stätte, bis viele Jahrhunderte später, wie ein neu geflochtener Legendenstoff weiß, der Einsiedler Pelayo rätselhafte Sternenlichter über dem Waldstück erblickte. Er benachrichtigte die zuständige Kirchenautorität, Bischof Theodemir, dem um 830 die Ehre zuteil wurde, das Grab des Apostels Jakobus wiederzufinden. Alsbald entstand eine Kirche, in der man die Reliquien des Heiligen verehrte, und rundherum die Keimzelle einer neuen Stadt namens Santiago de Compostela, „heiliger Jakobus vom Sternenfeld".

Matamoros –
Jakobus als Maurentöter

Inwieweit die Überlieferungen an wirkliche Vorkommnisse angelehnt oder gänzlich erfunden sind, lässt sich schwer ermessen. Fest steht, dass Santiago de Compostela von Anbeginn erfolgreich als Wallfahrtsziel propagiert und Jakobus zum Patron der Reconquista erhoben wurde. Kritische Stimmen verweisen an dieser Stelle auf den eigentlichen Hintergrund der „Grabesentdeckung", die sie für nichts weiter als einen Schwindel der politischen und kirchenpolitischen Machthaber halten: den Kampf gegen die im 8. Jahrhundert eingefallenen Mauren mit allen Mitteln voranzutreiben und dem Christentum zum Triumph über den Islam zu verhelfen. Nicht zufällig ereignete sich in diesem Sinne wenige Jahrzehnte nach dem Grabfund das Schlachtenwunder von Clavijo. Dort, in der Rioja, erschien der Apostel den von der Niederlage bedrohten Christentruppen als „Maurentöter", Matamoros. Hoch zu Pferde voransprengend, machte er den Muselmanen vorbildhaft den Garaus und hob derart die Kampfmoral, dass die Spanier letztlich den Sieg davontrugen.

In der Ikonographie nimmt der „Maurentöter", den viele Spanier in moderaterem Vokabular lieber als „Ritter" sehen, eine Sonderrolle ein. Auf dem gesamten Jakobsweg ist er grausam präsent. Ob als Relief an der Jakobuskirche in Logroño oder als Megaskulptur auf dem Dach des galicischen Regierungssitzes Pazo de Raxoi in Santiago de Compostela. In der Kathedrale von Santiago ist dem Maurentöter sogar eine eigene Kapelle geweiht, um die heftige Diskussionen entbrannt sind. Soll man das Bildnis des berittenen Apostels, der sein Schwert gegen wehrlose Glaubensfeinde erhebt und bereits einen Kopf abgetrennt hat, aus dem Gotteshaus verbannen oder nicht? Bis heute ist es geblieben und erfährt mit Blumengaben Zeichen der Solidarität. Unblutig geht es zum Glück bei all den Bildnissen, Reliefs und Gemälden zu, die des toten Apostels wundersame Seereise und die Grabesentdeckung mit Hilfe der Sternenlichter zeigen.

Links:
Die romanische Iglesia de San Martín in Frómista zeigt eine Jakobus-skulptur im Altarbereich. Typische Pilgerattribute sind Stab und Trinkkürbis.

Mitte:
In diesem Gebiet soll sie sich Mitte des 9. Jahrhunderts abgespielt haben: die Schlacht von Clavijo. Christen und Mauren standen sich unnachgiebig gegenüber. Die legendäre Erscheinung von Jakobus als Maurentöter verhalf den Christen laut Legende zum Sieg.

Auf der Praza do Obradoiro in Santiago de Compostela hoffen Straßenkünstler auf klingende Münze. Ob mit diesem Jakobus-Outfit ein Geschäft zu machen ist ...?

Seite 78/79:
Cirauqui, Durch-
gangsort zwischen
Puente la Reina
und Estella, ist
ein baskischer
Name und bedeutet
„Kreuzotternnest".
Schlangenbisse
stehen allerdings
nicht zu befürchten.
Im Hintergrund
heben sich die
Kalksteinfelsen der
Sierra de Urbasa ab.

Nicht alltäglich ist
dieser Bogen, der
sich in der Kirchen-
stadt Estella über den
Río Ega legt. Es ist
die „Kerkerbrücke",
Puente de la Cárcel.

In Estella liegt
der romanische
Palacio de los Reyes
de Navarra direkt
am Pilgerweg. Der
einstige Palast der
Könige von Navarra
beherbergt heute ein
Museum mit Werken
des baskischen
Malers Gustavo de
Maeztu y Whitney
(1887–1947).

In Estella stimmt
die Iglesia de Santo
Sepulcro, die „Heilig-
Grab-Kirche", auf
die Kirchenbaukunst
ein. Im Mittelalter gab
es in dem Städtchen
nicht weniger als
21 Gotteshäuser.

Beeindruckend in
Estella ist der Kreuz-
gang der Kirche San
Pedro de la Rúa.
Was dieses Bild nicht
zeigt – nur der halbe
Kreuzgang (Nord-
und Westflügel) blieb
im 16. Jahrhundert
nach Sprengung der
damals oberhalb
liegenden Burg übrig.

Im Monasterio de Irache, einem einstigen Benediktinerkloster am Jakobsweg, ist für viele der Weg zur „Fuente de Vino" interessanter. Nach ein bis zwei Gehminütchen wartet dort der „Brunnen des Weins".

Haben die Vortrinker etwas übrig gelassen, perlt aus dem Weinbrunnen tatsächlich kostenlos Rebsaft. Und nicht einmal der schlechteste ...

Das Kloster von Irache erlebte eine äußerst wechselvolle Geschichte. Mitte des 11. Jahrhunderst stiftete Navarras König García Sánchez III. hier ein Pilgerspital. Ab 1615 befand sich in den Mauern eine päpstlich anerkannte Universität.

In heutiger Zeit sieht man nur noch wenige Pilger, die, wie dereinst, mit Pferden und Eseln unterwegs sind. Dieses Paar macht gerade eine Rast in Villamayor de Monjardín, ein Örtchen, das für seine exzellenten Weine bekannt ist.

Seite 84/85:
Schatten auf dem Weg, Pilgergefährten an der Seite – typisches Erleben bei Los Arcos. In der Kirche Santa María in Los Arcos wird abends im Regelfall der Pilgersegen gespendet.

Im Gebiet um Torres del Río und Sansol ist bereits die Nähe zur Weinregion La Rioja spürbar. Statt Weintrauben sieht man hier öfter Mandel- und Olivenbäume.

Bekanntschaft mit dem ländlichen Navarra macht man in und um Torres del Río. Gelegentlich kreuzt der Pilgerweg auch die Straße.

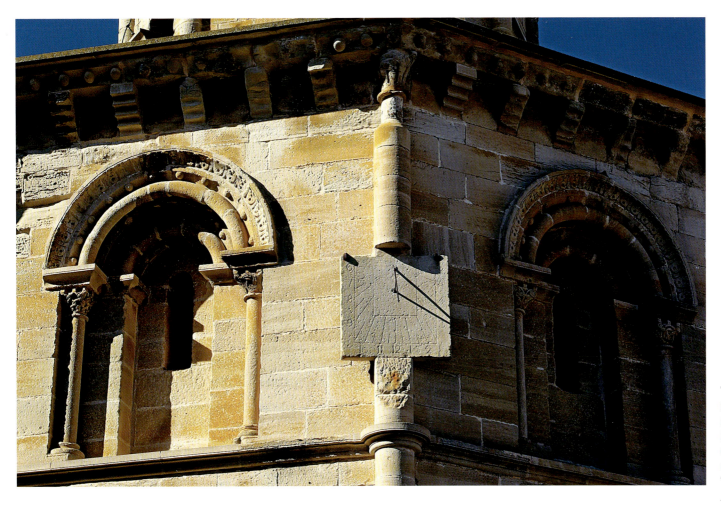

Torres del Río ist bekannt für seine romanische Kirche im Ortskern. Das Gotteshaus geht mutmaßlich auf die Tempelritter zurück.

Die im Vordergrund liegende Iglesia de Santo Sepulcro in Torres del Río zeigt bauliche Anklänge zu Eunate: der Grundriss ist achteckig.

PILGERN IN ROMANTISCHER WEINLANDSCHAFT – LA RIOJA

Etwas abseits der eigentlichen Pilgerroute durch die Rioja liegt die Gemeinde von Clavijo. Aus der Feldeinsamkeit erhebt sich dort die Iglesia de Santa Fe de Palazuelos.

PILGERN IN ROMANTISCHER WEINLANDSCHAFT – LA RIOJA

In Spaniens bekanntester Weinregion La Rioja dehnt sich das Anbaugebiet bis ins benachbarte Baskenland aus. Abgeleitet von der dortigen Provinz Álava, heißt das Gebiet Rioja Alavesa. Interessanter Ort ist Samaniego.

„Durch Logroño fließt ein enormer Fluss, den man Ebro nennt, rein sein Wasser und voller Fische", notierte der Verfasser des Codex Calixtinus im 12. Jahrhundert. Zur selben Zeit legte der heilige Juan de Ortega Arbeitshand an die Pilgerbrücke, deren Nachfolgebau sich in sieben Bögen über den Ebro spannt. Störche finden rund um den gemächlich daherziehenden Strom reiche Nahrung. Logroño, die Hauptstadt der Rioja, steht für eine stimmungsvolle Altstadt. Laubengänge, Plätze, urige Gassen, Baudenkmäler. Nadelgleich sticht der gotische Turm der Kirche Santa María del Palacio gen Himmel, verewigt in Stein ist das Martyrium des Bartholomäus an der Front der Kirche San Bartolomé. Die Plaza del Mercado, zu

Zeiten der unseligen Inquisition Schauplatz von Hexenverbrennungen, sieht sich von der Doppelturmfassade der Kathedrale Santa María de la Redonda dominiert. Das Inquisitionstribunal hatte seinen Sitz neben Logroños prägnantester Jakobswegkirche, der Iglesia de Santiago, direkt in der Pilgergasse hinter dem Platz mit der Pilgerquelle. Die Südfassade zeigt Jakobus als Schwert schwingenden Maurentöter bei der Schlacht von Clavijo, auf den Farbrelieftafeln im Hochaltar geht es nicht minder martialisch zu. Jakobus, enthauptet, hält den eigenen Kopf in Händen. Der Schlächter steht daneben. Über Brust und rechte Hand des Heiligen rinnt Blut.

Zu einem zünftigen Pilgermahl gehört ein Wein!

Blutrot kommen in der Rioja die weltberühmten Weine daher, die Hunderte Bodegas alleine im Becken des Ebro produzieren. In und um Logroño öffnen viele Güter ihre Pforten für Besucher, beliebteste Kneipengasse zur Verkostung vor Ort ist die Calle del Laurel. Hochwertige Tropfen sind Crianzas, Reservas und Gran Reservas. Ein Crianza reift mindestens zwei Jahre lang in Eichenfass und Flasche, ein Reserva drei, ein Gran Reserva fünf Jahre. Bei einem zünftigen Pilgermahl darf der Rebsaft nicht fehlen, wie Erlebnisberichte seit dem Mittelalter begeistert belegen. Die zugebauten Außenbezirke Logroños dämpfen den Enthusiasmus, bis der Jakobsweg am Stausee La Grajera in ruhigeres Fahrwasser gerät. Navarrete kündigt sich mit den Ruinen des mittelalterlichen Pilgerspitals San Juan de Acre und dem hoch aufgerissenen Turm der Iglesia de la Asunción an. Der nächste Ort Nájera drängt hinter den Ufern

des Río Najerilla an rötliche Felswände heran. Dort, in einer Höhle, soll Navarras König García im 11. Jahrhundert ein Marienbildnis entdeckt haben. Der wundersame Fund führte zur Gründung des Klosters Santa María la Real, das in der Kirche hinter dem Königspantheon den Zugang in die Mariengrotte bewahrt – ein Kuriosum.

Das Hühnermirakel von Santo Domingo de la Calzada

Richtig seltsam wird Besuchern in der Kathedrale von Santo Domingo de la Calzada zumute, wo sie über Kopfhöhe zu einem verglasten Hühnerkäfig aufblicken. Kein Dekor wie die gotische Halbbogenzier darüber, nein, ein Stall mit lebendigem Inhalt. Dessen Sinn erhellt sich durch das Hühnermirakel, bei dem ein unschuldig erhängter Pilgerbursche am Leben blieb. Es begab sich, so steht es überliefert, dass einst eine deutsche Pilgerfamilie in Santo Domingo de la Calzada Station machte. Vater, Mutter und der halbwüchsige Sohn Hugonell. Im Gasthof wies der Junge das Begehren der lüsternen Magd zurück, die aus Rache einen wertvollen Becher in seinem Gepäck versteckte. Des Diebstahls angeklagt, verurteilte der Landrichter ihn zum Tod durch den Strang. Als seine Eltern Abschied nehmen und weiterziehen wollten, sprach Hugonell zu ihnen vom Galgen herab. Daraufhin rannten sie aufgebracht zum Richter, vor dem gerade eine Mahlzeit dampfte: ein gebratener Hahn und eine gebratene Henne. „Euer nichtsnutziger Spross ist so lebendig wie das Essen hier auf dem Tisch!", stieß er nach Kunde des vermeintlichen Geschehens höhnisch hervor. Daraufhin wuchsen den Tieren Flügel. Der Hahn krähte, die Henne gackerte, dann flogen sie davon. Die Unschuld Hugonells war bewiesen, das Federvieh in der Kathedrale bewahrt bis heute das Andenken.

Rund um Laguardia liegen einige Dolmen verstreut, Grabmonumente aus dem 3./4. vorchristlichen Jahrtausend. Gut erhalten ist der wenige Kilometer nordöstlich von Laguardia liegende Dolmen La Chabola de la Hechicera.

Eine unglaubliche Geschichte, keine Frage, aber nicht möglich ohne die eigentliche Hauptfigur. Es war der heilige Domingo de la Calzada, der – für alle anderen unsichtbar – die Füße des Burschen mit seinen Schultern stützte und ihn vor dem Tod bewahrte. Unter dem Hühnerstall liegt der Abgang zur Gruft des Heiligen, der zwischen 1019 und 1109 wirklich lebte und sich dem Wohlergehen der Pilger annahm. Auf seiner Tatkraft fußten ausgebaute Wegpassagen, die Flussbrücke über den Río Oja und das erste Pilgerspital in Santo Domingo de la Calzada. Dieses liegt gegenüber der Kathedrale, dient nun als Paradorhotel und bewahrt ein außergewöhnliches Flair; mit dem begleitenden Hühnermotiv sind Zimmer, Aufzug und sogar das stille Örtchen gekennzeichnet. Zum Abschluss der Rioja richten sich im Hügeldorf Grañón die Augen auf die überdimensionierte Kirche San Juan Bautista, dahinter wartet die Nachbarregion. Zwei Kilometer bis Kastilien-León.

Die Klosterkirche von Santa María la Real de Nájera ist romanischen Ursprungs, doch davon hat sich nichts erhalten. Der Nachfolgebau datiert aus dem 15. Jahrhundert; Ende des 17. Jahrhunderts wurde der goldverzierte Hochaltar eingesetzt.

Da reibt man sich verwundert die Augen, in Santo Domingo de la Calzada. Der Hühnerstall gehört nicht etwa zu einem Bauernhof, sondern ist in der Kathedrale zu sehen. Ein weißer Hahn und eine weiße Henne halten die Erinnerung an das „Hühnerwunder" lebendig.

Seite 94/95: Hier schreiten die Pilger seit dem Mittelalter über den Río Ebro nach Logroño ein: über die historische Steinbrücke, Puente de Piedra. Gleich dahinter wartet die Altstadt.

Das Zentrum von Logroño zählt zu den gemütlichsten am Jakobsweg. Gleich vor der Kathedrale breitet sich der Marktplatz aus, Plaza del Mercado.

Kleine Bilder rechts: Einen interessanten Bezug zum Pilgerweg schafft das Gansspiel, im Mittelalter ein populäres Brett- und Würfelspiel. Hier ist es in Großformat auf dem Freiplatz vor der Iglesia de Santiago in Logroño eingelassen und wartet mit Abbildungen markanter Wegstationen auf: Eunate mit seinem achteckigen Grundriss, die Brücke von Puente la Reina, die Kathedrale von Santo Domingo de la Calzada und das freudig erwartete Endziel Santiago de Compostela, das gleichzeitig das 63. und damit letzte Feld besetzt.

Das Hauptportal der Kathedrale von Logroño vergleicht man gerne mit einem riesigen Retabel. Beiderseits erheben sich die wuchtigen Türme, auf denen häufig Störche zu sehen sind.

Traumhafte Bauwerke am Jakobsweg

Niemand ist da. Stille. Nachmittagssonne steht über Santa María de Eunate. Der Sandstein des Kirchleins strahlt Wärme aus, die grazilen Arkaden zeichnen Schattenrisse in den Umgang. Das Licht bahnt sich den Weg durch das Bogenportal ins Innere, fängt sich in den Einlässen aus Alabaster. Durch die milchweiße Fenstertrübe des Steins ziehen sich zarte Maserungen. Im Hintergrund, versunken im Halbdunkel hinter dem Altar, wacht die Namensgeberin des Heiligtums. Auf einem Thron sitzt sie dort und hält den barfüßigen Jesus umfasst, die heilige Maria von Eunate, gekrönt als Himmelskönigin. Ihr rotes Untergewand reicht bis zu den Füßen, der Überwurf glänzt golden. Ergeben lässt man sich auf einer der Holzbänke nieder und atmet die Aura, eine geradezu mystische Stimmung. Die Blicke wandern hinauf zur Kuppel,

den Kopf tief gesenkt. Blut rinnt über die Stirn, die Rippen stehen hervor. Der leicht gekrümmte Körper wirkt mager, ausgemergelt. Ein dramatischer, ergreifender Ausdruck.

Kirchen, Kapellen, Burgen, Klöster – reich gefüllte Schatztruhen säumen den Jakobsweg. Alleine wegen ihrer Dimensionen heben sich die Kathedralen der größten Städte Pamplona, Burgos und León ab. Über das Altstadtplateau von Pamplona ragen die 50 Meter hohen Doppeltürme der Catedral de Santa María la Real. Hinter der Fassade öffnet sich ein gotisches Inneres mit dem Marienbildnis im Altarraum und dem Alabastergrabmal des navarresischen Königspaares Karl III. und Leonor im Mittelschiff. Um den Kreuzgang legen sich Grabstätten und Zugänge in den Museumsbereich, zu dem die einstige Domküche gehört. Unter dem 27 Meter hohen Rauchabzug wurde im Mittelalter für die Jakobspilger gekocht.

Kathedralen von atemberaubender Größe und Schönheit

In Burgos erhebt sich die Catedral de Santa María als Ehrfurcht gebietende Glaubensfestung zwischen dem Río Arlanzón und dem Burghügel. 108 Meter lang, 61 Meter breit, 84 Meter hoch. Da das vorherige Gotteshaus zu klein geworden war, gaben Bischof Mauricio und König Ferdinand III. im Jahre 1221 grünes Licht für den großen architektonischen Wurf. Trotz einer Bauzeit von gut vierhundert Jahren zeigt die Kathedrale eine erstaunliche Geschlossenheit und zählt zum Weltkulturerbe der Unesco. Die feine

wo die Gurtbögen in formvollendeter Harmonie zwischen Achtecken aus Alabaster zusammenfinden. Oktogonal ist der gesamte Grundriss des Kirchleins, ein Juwel der Romanik, das sich am Ende des Aragonesischen Weges aus freier Felderlandschaft erhebt. Begründer dürften im 12. Jahrhundert die Tempelritter gewesen sein, ebenso wie bei der Iglesia del Crucifijo im nahen Puente la Reina. Dort wacht die romanische Figur der Santa María de las Huertas, im Nachbarschiff begleitet von einem der eindrucksvollsten Schnitzwerke des Gekreuzigten in Nordspanien. Jakobspilger aus dem Rheinland, so sagt man, sollen den gotischen Christus im Spätmittelalter nach hier geschafft haben. Über einem Stamm in Y-Form breitet er seine überlängten Arme aus. Unter der Dornenkrone hält er

Gotik befreit den Bau von erschlagender Allgewalt. Über dem Portal Sarmental sind die Apostel in Dialoge vertieft, während die Evangelisten an ihren Schreibpulten sitzen. Durch die Hauptfassade zieht sich eine Bogengalerie mit Skulpturen kastilisch-leonesischer Könige, die Silhouette ist von gotischen Spitzentürmchen durchsetzt. Ein Rundgang führt an die vergoldete Treppe des Diego de Siloé, in den aus Nuss- und Buchsbaum geschnitzten Chor, an das Grabmal des Nationalheiligen El Cid und vor den 1561 begonnenen Hochaltar mit dem zentralen Bildnis Mariens. Jahrelang, so sagt man in Burgos, könnten Kunstexperten in der Kathedrale verbringen und würden immer neue Details filtern. Kurios sind ein diabolischer Phallusmann am Zugang zur Kronfeldherrnkapelle und die „Fliegenschnapper"-Uhr Papamoscas, deren Figur bei den stündlichen Glockenschlägen den Mund öffnet und schließt. Gebeten und Gottesdiensten bleibt die Kapelle Santísimo Cristo vorbehalten, wo die Gläubigen ein mit Büffelhaut überzogenes Christusbildnis verehren.

Blüten, Blätter, Apostel, Adelssponsoren, Heilige – sie alle sind vertreten auf 1800 Quadratmetern Buntglasfenstern, die die gotische Catedral de Santa María de Regla in León so einzigartig machen.

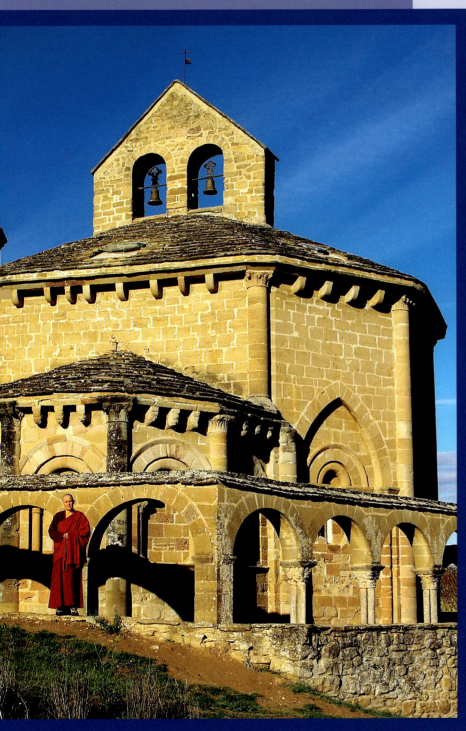

In Farbspielen flutet das Licht durch Gelb und Grün und Rot und Kobaltblau. Den Gesamteindruck runden die Kapellen im Altarumgang und der Skulpturenschmuck an den Portalen ab. Nächste Station in der Altstadt von León ist die Stiftskirche San Isidoro mit den Reliquien des Kirchenlehrers Isidor von Sevilla. Das nebenliegende Königspantheon gilt wegen seiner Fresken als „Sixtinische Kapelle der romanischen Malerei". Über den Köpfen der Besucher schwebt Erzengel Gabriel heran, thront Christus in der Mandorla, haben sich die Jünger zum Letzten Abendmahl versammelt. Der Jakobsweg, eine Kette von Höhepunkten. Atemberaubend.

In der Innenstadt von
Logroño lässt es sich
angenehm bummeln.
Die Fußgängerzone
reicht bis zur Kathe-
drale Santa María de
la Redonda, hier im
Hintergrund.

Es muss nicht immer
ein Casino sein –
hier gerät eine Bar
zur Spielhölle über-
wiegend älterer
Städter aus Logroño.

In Logroño führt
der Jakobsweg an
der Südfassade der
Jakobuskirche, Iglesia
de Santiago, vorbei.
Hoch über dem
Portal prescht Jakobus
als „Maurentöter",
Matamoros, voran.

101

Die Jakobuskirche in Logroño überrascht mit ihrer einschiffigen Monumentalität und mit ihrem eindrucksvollen Hochaltar. Die Bilderfolge dreht sich um den heiligen Jakobus, inklusive einer blutigen Szene des Martyriums.

Das polychromierte Schnitzwerk im Hochaltar der Jakobuskirche in Logroño zeigt Bilder aus dem Leben und legendären Wirken des Jakobus. Hier tauft er kurz vor seiner Enthauptung den Schriftgelehrten Josias.

In der Kathedrale
Santa María de la
Redonda in Logroño
legt sich ein sehens-
wertes Kuppelgewölbe
über den Altarraum.
Beachtung verdienen
außerdem die kleinen,
teils vergitterten
Kapellen an den
Seiten. Diese Kapellen
stehen ein ums andere
Mal im Zeichen der
heiligen Jungfrau
und Gottesmutter
Maria.

Seite 104/105:
Das Chorgestühl der
Kathedrale Santa
María de la Redonda
in Logroño wurde
1607 begonnen.
Manche der Reliefs
wurden im 18. Jahr-
hundert nachträglich
eingefügt. Zu sehen
sind überwiegend
Heiligenmotive.

103

Die Reconquista

Man schrieb das Jahr 711, als die Muslime über die Straße von Gibraltar in Spanien einfielen. Sie wussten die Wirren unter den herrschenden Westgoten zu nutzen und brachten innerhalb weniger Jahre weite Landesteile in ihre Gewalt. Widerstand schlug ihnen in den Picos de Europa entgegen, einem zerklüfteten Gebirge im Norden, heute Nationalpark. Dorthin hatte sich Westgotenfürst Pelayo mit den Seinen zurückgezogen und brachte den Muselmanen 722 in der Schlacht von Covadonga die erste Niederlage bei. Inwieweit sich bei der „Schlacht" die Fäden aus Geschichte und Legende versponnen, ist nicht mehr nachvollziehbar. Fest steht, dass die Geschehnisse von Covadonga die Reconquista einläuteten, die „Rückeroberung" des Landes aus muselmanischer Hand. Unter dem Zeichen des Kreuzes bekämpften die Christen fortan die Glaubensfeinde, psychologisch unterstützt vom heiligen Jakobus, dem Patron der Reconquista. Den Spaniern kam im 11. Jahrhundert zugute, dass sich die Mauren mit dem Zerfall des Kalifats von Córdoba selber schwächten. Nun ging es gegen Kleinkönigreiche an, bis das letzte zu Jahresbeginn 1492 fiel: das Reich der Nasriden mit der Hauptstadt Granada. Es war der Schlusspunkt der Reconquista.

Allgewaltig thront die Burg von Clavijo auf einem Fels. Wer die Anlage besucht, sollte sich vor Abstürzen in Acht nehmen.

Das Becken des Río Ebro wird durch seine Weingärten geprägt. Kilometerlang ziehen sich die Rebstöcke voran. Zahlreiche Weingüter öffnen ihre Pforten für Besucher.

Wer den Jakobsweg mit dem Auto erkundet, sollte auf alle Fälle einen Abstecher in die Weingegenden der Rioja Alavesa einplanen. In der Nähe von Laguardia liegt der Ort Elciego, wo der nordamerikanische Stararchitekt Frank O. Gehry die Bodegas Marqués de Riscal avantgardistisch ausgestaltet hat.

Die Weingüter sind die Prunkstücke in der Rioja Alavesa. Dieses hier liegt bei Elciego.

Ein spektakuläres Wellendachdesign zeichnet die bei Laguardia gelegenen Bodegas Ysios aus. Die Moderne fußt auf Santiago Calatrava, einer der bekanntesten spanischen Architekten.

Seite 112/113: Beschaulich durchfließt der Ebro die Rioja. Beidseits der Ufer erstrecken sich weitläufige Weinbaugebiete, die in der Region insgesamt eine Fläche von über 50 000 Hektar einnehmen.

111

In Nájera legt sich der Jakobsweg genau um die Kirche des Klosters Santa María la Real und steigt langsam in Richtung Azofra an. In der Außenansicht mag Nájeras Kirche schroff und abweisend wirken – im Innern ändert sich das Panorama.

Harmonisch und voll von Ornamenten zeigt sich der „Kreuzgang der Ritter" im Kloster Santa María la Real. Auf Spanisch heißt er „Claustro de los Caballeros" und wurde zwischen 1517 und 1528 erbaut; der obere Teil kam später hinzu.

114

Beim Besuch des Klosters Santa María la Real in Nájera sollte man den Aufstieg zum Chorgestühl nicht versäumen. Mit seiner Pracht und Eleganz gilt der Chor als Wunderwerk des Flamboyantstils.

Ganz links: In die Klosterkirche ist eine Königsgruft integriert, ab der ein Zugang in eine kleine Grotte führt. Hier soll Navarras König García im 11. Jahrhundert ein Marienbildnis entdeckt haben, an das dieses hier erinnert.

Links: Jakobus als Pilger mit Umhang, Stab und Trinkkürbis.

Seite 116/117: In der Rioja lohnt sich ab Nájera ein Abstecher nach San Millán de la Cogolla. Das Dorf lockt mit zwei Klöstern: Suso und Yuso (im Bild).

Rechts:
Um seine Bedeutung zu unterstreichen, wurde der heilige Millán de la Cogolla am Kloster von Yuso ebenfalls als „Maurentöter", Matamoros, dargestellt – was im Regelfall nur Jakobus vorbehalten blieb. Die weitläufige Anlage von Yuso trägt den Beinamen „Escorial der Rioja".

Ganz rechts:
Im Kloster von Yuso kann man an Führungen teilnehmen. In kundiger Begleitung geht es hinein in die Kirche, in der Mitte des 17. Jahrhunderts der bekannte Barockmaler Fray Juan Rizzi wirkte.

Beim Klosterrundgang durch Yuso bekommt man auch die Elfenbeinschnitzereien zu Gesicht, die den Reliquienschrein des heiligen Millán de la Cogolla zieren.

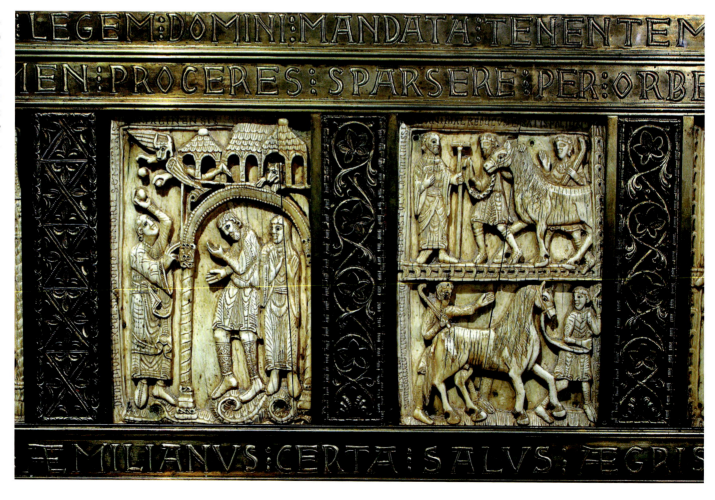

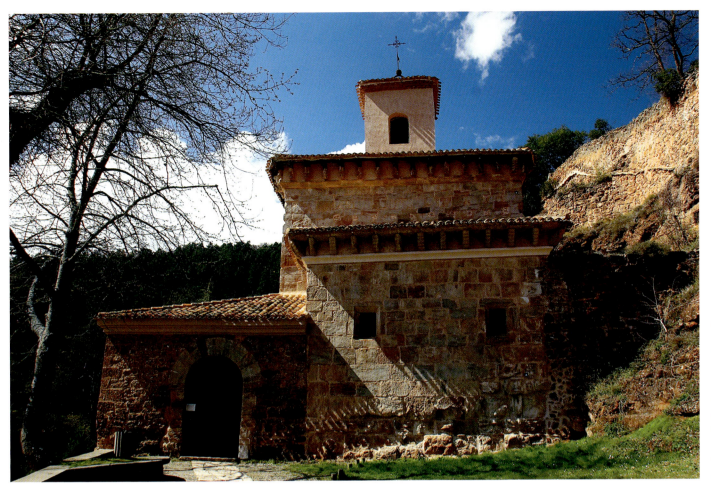

Yuso und das kleine
Bergkloster Suso
(hier im Bild) zählen
gemeinschaftlich zum
Weltkulturerbe der
Unesco. Suso geht
mutmaßlich auf
eine Gründung des
heiligen Millán de la
Cogolla persönlich
zurück; dies begab
sich Mitte des 6. Jahr-
hunderts.

Die Stimmung im
verlassenen Kloster
von Suso ist eine ganz
besondere. Typisch
sind Bögen in moz-
arabischem Stil.

119

In und um Azofra verläuft der Jakobsweg abseits großer Straßen. Hier geht es durch Felderlandschaft mit Weingärten hindurch; die Weinlese steht meist gegen Ende September an.

Dieses Jakobswegstück bei Santo Domingo de la Calzada gibt einen Vorgeschmack auf die Weiten in Kastilien-León.

Im kleinen Zentrum von Santo Domingo de la Calzada steht der Turm getrennt vom Baukörper der Kathedrale – eine Besonderheit. Der Turm wurde in den Jahren um 1765 auf eine stattliche Höhe von 70 Metern gezogen.

GRÖSSTER STRECKENABSCHNITT DES JAKOBSWEGES – KASTILIEN-LEÓN

Nachdem man Burgos verlassen hat, geht es durch die schier unendliche Weite der Meseta. Auf einsamen Wegstücken, wie hier bei Hornillos del Camino, kann Pilgergesellschaft durchaus willkommen sein.

GRÖSSTER STRECKENABSCHNITT DES JAKOBSWEGES – KASTILIEN-LEÓN

Weite, endlose Weite. Hitze flirrt in der Luft. Kein Dorf in Sicht, kein Schatten weit und breit. Der Pilgerpfad, eine Durststrecke über die Meseta, Spaniens Hochplateau. Zumindest im Sommer. Winters peitschen eisige Böen über Ebenen und Felder. Was im Frühling sattgrün daliegt, dorrt im Herbst vor sich hin. Töne braun in braun. Monoton? Mancherorts ja. Strapaziös? Immer. Für Pilger die ersehnten Tage, Wochen der inneren Einkehr. 400 Streckenkilometer durch Kastilien-León – mehr als die Hälfte des klassischen Jakobsweges – geben ein Gefühl für Raum und Zeit und die Dimensionen des Landes. Zunächst die Provinz Burgos, dann Palencia, dann León. Man wandert durch Staub und Geschichte der alten Königreiche León und Kastilien, die sich 1230 vereinten.

Jakobspilger sind traditionsgemäß früh unterwegs, denn die Herbergen schließen meist um acht Uhr. Gute Gelegenheit, den Sonnenaufgang zu erleben, wie hier bei El Acebo.

Die Kathedrale von Burgos und El Cid

Zu Beginn wartet Burgos mit einer Gigantin unter den Kathedralen und den Spuren des Rodrigo Díaz de Vivar, besser bekannt als El Cid, Ritter und Nationalheros aus dem 11. Jahrhundert. Um das Reiterdenkmal vor dem Theater rauscht der Verkehr, um sein Grab unter der Vierungskuppel der Kathedrale drängen sich die Besucher. Ein Armknochenstück des Helden bewahrt das Museum im Arco de Santa María, Burgos' schönstem Stadttor, das sich zum Río Arlanzón hinwendet. Parallel zu den Flussufern promeniert man unter Platanen auf dem Paseo del Espolón, Geschäfts- und Kneipengassen strahlen um die Plaza Mayor aus. Überalterte Ordensgemeinschaften überdauern die Zeiten am Stadtrand: weltabgewandte Kartäuser in der Cartuja de Miraflores, Zisterzienserinnen im Monasterio Las Huelgas Reales, wo Besucher über Bohlen an Königsgräbern entlang knarren. Ein Stück südöstlich der Stadt leben Zisterzienser im Kloster San Pedro de Cardeña und stehen der Welt durchaus offen gegenüber – die in den Kellern gereiften Weine und der nach dem Schwert des Cid, Tizona, benannte Kräuterlikör sind exzellent.

Auf Stadtluft folgt Landluft – und wieder Stadtluft

Ab Burgos geht es weiter westwärts über Rabé de las Calzadas, Hornillos del Camino, Hontanas. Dorfzwerge zum Durchatmen. Hausschatten, kühles Brunnenwasser. Der Weg zieht sich an

steinübersäten Feldern entlang, an Hagebutten, Brombeersträuchern. Das Kloster San Antón liegt in Ruinen, ein gotischer Bogen spannt sich kurios über die Straße. Eine Biegung weiter gerät Castrojeriz in Sicht, in alten Pilgerberichten „Kastell Fritz" genannt. Burgruinen sitzen dem Ortshügel auf, die Stiftskirche Virgen del Manzano ist als Museum sakraler Kunst hergerichtet. Kanäle bewässern das dünn besiedelte Land, eine der Kornkammern Spaniens. Die Lehmbauten in Boadilla del Camino erinnern an Peru, am örtlichen Gerichtspfeiler wurden Pilger an den Pranger gestellt. In Frómista legen sich Steinschmuckbänder und über 300 Sparrenfiguren um die romanische Kirche San Martín, Villalcázar de la Sirga steht ganz im Zeichen seiner Templerkirche Santa María la Blanca, Carrión de los Condes schließt sein Ortsbild mit dem Kloster San Zoilo ab.

Zehrend dehnt sich der Weg bis León. Passagen durchs Nirgendwo, einsam, flach und öde. Verlorene Dörfer. Strecken über Schotter und Asphalt. Das einst mächtige Sahagún ist verblasst, die Provinzmetropole León hingegen pflegt ihre Pracht. Die Kathedrale, das Pantheon der Könige neben der Stiftskirche San Isidoro, der Ritterstammsitz San Marcos mit seiner platteresken Fassade – das sind die großen Drei in León. Jugendstilarchitekt Antoni Gaudí hat seine Handschrift mit der Casa de Botines hinterlassen, die Kirche San Marcelo bewahrt die Reliquien des gleichnamigen Märtyrers aus Römerzeiten. Schutzpatronin ist die Jungfrau vom Wege, Virgen del Camino, mit einer eigenen Kapelle in der Kathedrale und einer modernen Wallfahrtskirche am Jakobsweg nach Astorga. Die Verehrung geht auf Maria selbst zurück, die 1505 einem Hirten erschien, der sich erbot, ihr zu Ehren ein Heiligtum zu errichten.

Am Ende der Brücke über den Río Órbigo erinnert dieses Wandgemälde an eine Legende um Suero de Quiñones. Dieser soll hier 1434 gegen andere Ritter gekämpft haben – alles eine Sache der Ehre. Daher der Name „El Passo Honrosso", der „Ehrenhafte Übergang".

Eine andere Legende berichtet von Ritterduellen, 1534 an der Brücke über den Río Órbigo; Anfang Juni erinnern Ritterspiele an die Geschehnisse.

Tradition am Cruz de Ferro

In Astorga läuft die Meseta aus, die Altstadt legt sich um die Kathedrale. Den Kontrast zu den römischen Stadtmauern setzt Gaudís verschnörkeltes Bischofspalais, heute ein Museum, das Jakobs- und Marienskulpturen beherbergt. Idyllisch verlaufen Weg und Sträßchen durch den Landstrich Maragatería. Ginster und Heide blühen, Castrillo de los Polvazares und Rabanal del Camino stehen an der Spitze der urigsten Steindörfer am Jakobsweg. Der Aufstieg zum Cruz de Ferro, dem 1504 Meter hoch gelegenen Eisenkreuz, verlangt nach Kondition. Umgeben von rauer Natur, legt jeder Pilger traditionsgemäß einen Stein ab. Tief im Tal breitet sich Ponferrada mit seiner massigen Templerburg aus. Hügel und Weingärten sind Wegkulissen bis zum Kirchenstädtchen Villafranca del Bierzo. Hier heißt es neuerlich Kräfte sammeln für die lange Bergetappe hinauf zum Pass von O Cebreiro, dem Tor zu Galicien.

Im Gebirgsort Foncebadón führt der breite Weg an teils verfallenen Häusern vorbei. Eine gute halbe Wegstunde von hier liegt das Cruz de Ferro, das „Eisenkreuz".

Stolz und hoch zu Ross prescht er in Burgos über den Theatervorplatz: El Cid, Ritter und Nationalheld aus dem 11. Jahrhundert. Sein Grabmal befindet sich in der Kathedrale von Burgos.

Seite 128/129: Sie gilt als Dame unter Spaniens Kathedralen: die gotische Kathedrale von Burgos. Der beste Gesamtüberblick bietet sich vom Burgberg aus.

In Burgos läuft die Flussbrücke über den Arlanzón geradewegs auf den Arco de Santa María zu, das schönste und prachtvollste der historischen Stadttore. In die Nischen sind Skulpturen von Persönlichkeiten eingesetzt, die in enger Verbindung zu Burgos standen, darunter Stadtgründer Diego Porcelos und El Cid.

Monumentalbau an der Plaza de la Libertad in Burgos: die Casa del Cordón, ausgangs des 15. Jahrhunderts als Sitz für die kastilischen Kronfeldherrn errichtet. Im Jahre 1506 fand Philipp der Schöne – vermutlich vergiftet – einen elenden Tod in den Räumlichkeiten.

Die Hauptfassade der Kathedrale von Burgos wendet sich zur Plaza de Santa María hin, ein beliebter Treffpunkt zum Plausch.

Etwas abseits von Burgos' Stadtkern liegt die Cartuja de Miraflores, in der nach wie vor Kartäuser leben. Besuchen kann man die lang gestreckte Klosterkirche mit dem Mausoleum der Eltern der katholischen Königin Isabella von Kastilien.

131

84 Meter sind sie hoch, die Türme der Kathedrale von Burgos. Fotografen gehen an der Plaza de Santa María ein Stück die Treppen hinauf, dort findet man die beste Perspektive.

Rechte Seite: Wie eine Kirche in der Kirche wirkt die überbordend ausstaffierte Capilla de los Condestables, überspannt von einem Kuppelstern. In dieser Kapelle liegt das kastilische Kronfeldherrnpaar Pedro Fernández de Velasco und Mencía de Mendoza begraben.

Die jahrhunderte-
langen Arbeiten an
der Kathedrale von
Burgos gingen nicht
ohne Rückschritt
voran. Nachdem die
von Hans von Köln
errichtete Vierungs-
kuppel eingestürzt
war, legte Juan de
Vallejo im 16. Jahr-
hundert erneut Hand
an und schuf dieses
herrliche Werk in
platereskem Stil.

Das Grabmal
des kastilischen
Kronfeldherrnpaars
Pedro Fernández de
Velasco und Mencía
de Mendoza nimmt
in der Kathedrale
eine kunsthistorische
Sonderstellung ein
und wurde im
16. Jahrhundert aus
Marmor geschaffen.
Die anatomische
Darstellung war per-
fekt, mutmaßlicher
Bildhauer Felipe de
Bigarny.

134

Bei all der beein-
druckenden Fülle in
der Kathedrale von
Burgos sollte man
den Blick gelegentlich
nach oben richten.
Die Kuppelpracht
einzelner Kapellen ist
außergewöhnlich.

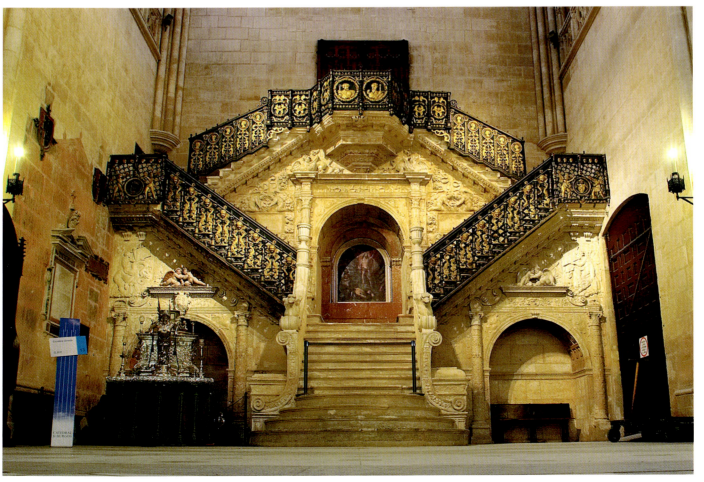

Diego de Siloé schuf
die Vergoldete Treppe,
Escalera Dorada, in
der Kathedrale von
Burgos. Mit diesem
um 1520 erbauten
Meisterstück über-
brückte Siloé die
Höhendifferenz zum
nördlichen Portal
Coronería, an dem
der Jakobsweg
entlang läuft.

Seite 136/137:
Der Kreuzgang
der Kathedrale von
Burgos geht auf das
13. und 14. Jahr-
hundert zurück. Ab
hier führen Zugänge
in den Museums-
bereich.

Santo Domingo de Silos – ein Abstecher

Ein Dorf, ein Kloster, ein Abt – der Name Santo Domingo de Silos ist multifunktional. In die einsame Berg- und Talgegend rund 60 Kilometer südöstlich von Burgos kam im Jahre 1041 ein gewisser Domingo, der ursprünglich aus der Rioja stammte und in jungen Jahren vorbeiziehende Jakobspilger mit Schafsmilch versorgt haben soll. Als Abt des örtlichen Benediktinerklosters trieb Domingo bis zu seinem Tode 1073 den Wiederaufbau der Anlage voran, die im Zuge maurischer Übergriffe zerstört worden war. Im Zentrum stand und steht der Kreuzgang, ein Juwel der Romanik. Auf den Kapitellen tummeln sich Löwen und Flamingos, die Reliefs an den Seiten zeigen die Krönung Mariens, die Zweifel des heiligen Thomas, die Kreuzabnahme Jesu. Einen besonderen Bezug zu den Santiago-Pilgern stellt das Relief im südwestlichen Winkel her, das Jesus mit den Emmaus-Jüngern zeigt. Dargestellt ist der Gottessohn als Jakobspilger mit muschelverzierter Tasche – kunsthistorisch ein Unikat. Das Kloster von Santo Domingo de Silos ist nach wie vor von Benediktinern bewohnt, die abends in der Kirche gregorianische Gesänge anstimmen. Im Anschluss an ihre Gesänge ziehen die Mönche zum Grab des heiligen Domingo in der Klosterkapelle.

Motorisiert lässt sich
ab Burgos problemlos
ein Abstecher nach
Santo Domingo de
Silos einschieben.
Das dortige Kloster
der Benediktiner
beherrscht den Ort.

Prunkstück der Klosteranlage von Santo Domingo de Silos ist der romanische Kreuzgang. Er wird von insgesamt 60 Bögen mit paarweise angeordneten Kapitellen umzogen.

Im Klosterkreuzgang von Santo Domingo de Silos gesellen sich zu Bögen und Kapitellen insgesamt acht Reliefs in den Ecken hinzu. Eine Besonderheit ist die Darstellung von Jesus mit den Emmaus-Jüngern, denn Jesus ist hier als Jakobspilger mit muschelverzierter Tasche zu sehen.

Ein ausgedehnter Abstecher in den Süden der Provinz Burgos führt nach Peñaranda de Duero. Über dem Ort erhebt sich das zinnengekrönte Kastell.

Rechts und rechte Seite unten: Peñaranda de Duero erwachte zu Beginn des 10. Jahrhunderts im Zuge von Neubesiedlungsmaßnahmen zu neuem Leben. Mit der Anlage solch befestigter Punkte verfolgten die Spanier die Strategie, Kastilien gegen die Mauren zu sichern. Der Ort bewahrt ein freundliches, uriges Bild.

140

*Seite 142/143:
Schöne, aber auch
anstrengende
Wegstücke erwarten
Fußpilger um
Castrojeriz. Hinter
Castrojeriz geht
es auf den Berg
Mostelares hinauf.*

Linke Seite:
Gleich gegenüber der Kirche steht im winzigen Boadilla del Camino der spätmittelalterliche Gerichtspfeiler. Hier sollen Jakobspilger an den Pranger gestellt worden sein.

Typisch für die kastilische Gegend um Boadilla del Camino sind Taubenhäuser. Dieses hier ist aus luftgetrockneten Lehmziegeln, Adobes, erbaut worden.

Zur Frühjahrszeit strahlt Spaniens Hochebene, die Meseta, in grünem Überzug. „Wildlife" kommt in Form von Kaninchen und Lerchen vor, gelegentlich taucht auch eine Schafherde auf.

Die künstliche
Bewässerung ist
wichtig in der Meseta,
die zum Teil als
Kornkammer dient.
Bei Frómista fließt
der Kastilien-Kanal,
Canal de Castilla.

Der Kastilien-Kanal
wurde im 18. und
19. Jahrhundert
angelegt und diente
nicht einzig der
Bewässerung der
Felder. Er trieb
Getreidemühlen an
und erfüllte eine
beachtliche Funktion
als Verkehrsachse.
Für die Zeit um
1860 ist der Betrieb
von etwa 400 Booten
belegt, die über den
Kanal ihre Waren
transportierten.

Ein stimmungsvolles
Schauspiel bietet der
Canal de Castilla am
Morgen, dann liegt
über den wenigen
Wipfeln noch Ruhe
und es lässt sich
frohgemut wandern.

Störche sind regelmäßige Gäste in Frómista. Beliebter Nistplatz ist das Dach der Iglesia de San Martín.

Die Iglesia de San Martín darf mit Fug und Recht als eine der schönsten romanischen Kirchen am Jakobsweg bezeichnet werden. Das Gotteshaus datiert ursprünglich aus dem 11. Jahrhundert und ist Überbleibsel einer längst verschwundenen Klosteranlage.

Frómistas berühmtester Sohn heißt San Telmo, ein Dominikaner, der um das Jahr 1180 hier geboren wurde. Er zog als Wanderprediger umher und verstarb 1246 im galicischen Tuy. Acht Tage nach Ostern feiert Frómista den Heiligen mit Tänzen und einer großen Prozession. Wer nicht zu dieser Zeit vor Ort ist, begnügt sich mit einem Blick auf sein Denkmal im Ortszentrum.

149

Der Jakobsweg
in Film und Literatur

E r bietet Krimi- und Kinostoff. Er stößt zu Essays, Reportagen, Gedichten an. Er füllt ganze Bücherregale mit Erlebnisberichten. Der Jakobsweg ist in aller Munde – bis hin zu Aspekten, die er nicht verdient hat. Man denke an hochnotpeinliche TV-Events im Stile des „großen Promi-Pilgerns", bei dem man abgehalfterte Pseudoberühmtheiten, von Kameras begleitet, gen Santiago de Compostela hat ziehen sehen. Auslöser für den multimedialen Schub im deutschen Sprachraum war der Komiker Hape Kerkeling mit seinem Jakobsbuchtitel „Ich bin dann mal weg", ein Sensationserfolg, der sich selbst zwei Jahre nach dem Erscheinen noch auf den Bestsellerlisten hielt. Doch ging es den Lesermillionen dabei wirklich um den Jakobsweg? Den Ausschlag für den Kauf dürften mehrheitlich die erhofften Einblicke in Befindlichkeiten und Seelenleben eines Fernsehstars gegeben haben. Dass der Comedian den Pilgerpfad ab Saint-Jean-Pied-de-Port nicht lückenlos pilgerte, spielt ohnehin keine Rolle – der Jakobsweg als befremdliche Projektionsfläche für ein Stück Autobiografie. Auf alle Fälle verstand Kerkeling den Titel wirksam zu vermarkten, ein weiteres Erfolgsgeheimnis. Gleiches galt für den Komikerkollegen Harald Schmidt, der den Namen des Pilgerweges aus Gründen der modischen Zugkraft in seine Kolumnensammlung mit

„Ich bin dann mal weg", ein Stück Promi-Autobiografie des fernsehbekannten Komikers Hape Kerkeling, wurde überraschend zum Bestseller. Lange vor dem literarischen Jakobswegboom schrieb der Brasilianer Paulo Coelho seinen Roman „Auf dem Jakobsweg".

dem abstrusen Titel „Sex ist dem Jakobsweg sein Genitiv" einspannte.

Wo der Buchmarkt boomt, hinkt die Filmindustrie nicht hinterher. 2007 feierte der französische Streifen „Saint Jacques – Pilgern auf Französisch" Erfolg in deutschen Kinos und später auf dem DVD-Markt. Ausgangspunkt des Films von Regisseurin Coline Serreau („Drei Männer und ein Baby", „Chaos") ist die testamentarische Vorgabe einer Mutter an ihre drei erwachsenen Kinder. Das Erbe soll erst ausbezahlt werden, wenn sich die zerstrittenen Geschwister gemeinsam auf den Pilgerweg begeben und stets unter einem Dach schlafen. Da Geld die Welt bewegt, brechen sie in Le Puy-en-Velay mit einer geführten kleinen Reisegruppe auf. Die Tour nach Santiago ist mit Konflikten, Überraschungen, Einsichten und harten Betten gefüllt. „Saint Jacques – Pilgern auf Französisch" kommt als leiser, unterhaltsamer Wohlfühlfilm daher. Stimmige Charaktere, feiner Humor, Anstöße zum Nachdenken. Jakobswegkenner schätzen überdies die Wiedererkennungseffekte. Ob Handymanie oder Schnarcher in den Herbergen, dazu die herrlichen Landschaften der Originalschauplätze. Zugabe: die originelle Musik.

Der Jakobsweg und Hollywood

Urvater der Filmmaterie Jakobsweg war der spanische Regisseur Luis Buñuel, der 1969 in „Die Milchstraße" ein Landstreicherpaar den Jakobsweg entlangziehen ließ. In Episodenform kam die Wanderung der Clochards einem Streifzug durch Raum und Zeit und Kirchengeschichte gleich. Ein antiklerikaler Film, provokativ, umstritten. Für wenig Diskussion und Aufsehen sorgte dagegen die internationale Coproduktion „Camino de Santiago" nach einem Drehbuch des Spaniers Arturo Pérez Reverte. Dem Mystery- und Intrigenmehrteiler merkte man allzusehr an, dass er in erster Linie aus PR-Zwecken im Zuge des Heiligen Jahres 1999 in Auftrag gegeben wurde. Die Qualität konnten auch – oder gerade – altgediente Hollywoodstars wie Charlton Heston und Anthony Quinn nicht retten.

Apropos Hollywood. Oscarpreisträgerin Shirley MacLaine hat mit „Der Jakobsweg

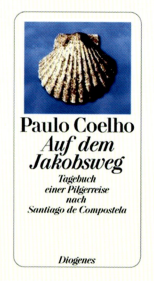

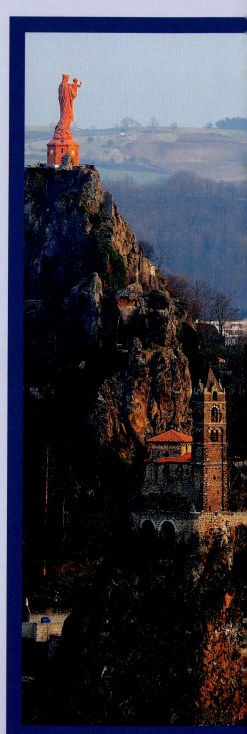

– eine spirituelle Reise" einen der gängigsten Titel zum Thema verfasst und die Pilgerschaft leitmotivisch als „Reise der Seele" herausgestellt. Auch dieses Buch profitiert mehr von der Popularität der Autorin als von der literarischen Qualität. In MacLaines persönliche Pilgererlebnisse sind Visionen gebettet, die hinauf in die Galaxien und zurück zu den Ursprüngen der Menschheit reichen. Das Lager der Leserschaft ist gespalten. Während ein Teil den Abschweifungen begeistert folgt, bleibt für andere die esoterische Versponnenheit MacLaines unverständlich. Mystisch und spirituell durchsetzt ist auch „Auf dem Jakobsweg" des Brasilianers Paulo Coelho. Der Untertitel „Tagebuch einer Pilgerreise nach Santiago de Compostela" führt zunächst einmal auf den falschen Pfad, denn ein Tagebuch ist es nicht, zumal die letzten 150 Kilometer gänzlich ausgespart bleiben. Es ist vielmehr ein Roman, in dem sich der Ich-Erzähler, Mitglied einer alten katholischen Bruderschaft, auf die Suche nach sich selbst und einem seltsamen Schwert begibt. Coelho lässt manch nachvollziehbaren Schauplatz am Camino erkennen und streut mit Erscheinungen und Traumvisionen nebulöse Elemente ein.

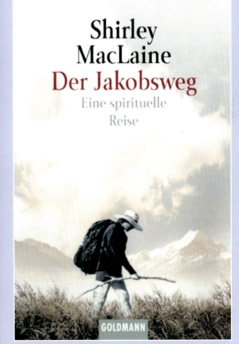

Shirley MacLaine
Der Jakobsweg
Eine spirituelle Reise

GOLDMANN

Lobend haben Kritik und Leserschaft zwei Krimis zum Jakobsweg aufgenommen. „Iacobus" der Spanierin Matilde Asensi zeigt sich als spannungsgeladener Mittelalterschmöker, während Petra Oelkers „Tod auf dem Jakobsweg" in der Gegenwart spielt und den Lokalkolorit auf dem Camino mit rätselhaften Unglücksfällen verbindet.

Im Frühjahr verläuft
der Jakobsweg man-
cherorts durch ein
wahres Blütenmeer.
Hier bei Frómista
blüht Schopflavendel
an den Seiten.

Rast im Nirgendwo
bei Frómista. Zehn
Minuten, dann
Rucksack auf und
weiter geht es.

In Kastilien-León durchzieht der Jakobsweg ein relativ kurzes Stück die Provinz Palencia. Der gelbe Pfeil ist treuer Wegbegleiter.

Man solle unterwegs lernen, aus der Natur zu lesen, die Gott für alle erschaffen hat, heißt es in einem spirituellen Pilgerführer. Zu derartiger Lektüre gibt der Jakobsweg reichlich Gelegenheit.

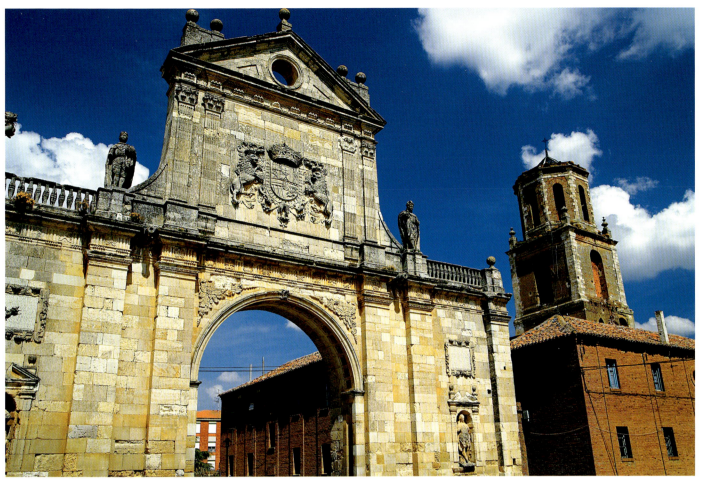

Linke Seite:
Backsteinkirchen
sind bezeichnend für
Sahagún, wo einst
die große Abtei
San Facundo y San
Primitivo bestand.
Die Backsteinkirche
San Tirso zeigt einen
mudéjaren Stil.

Kärglich sind die
Überreste der vormals
mächtigen Abtei
San Facundo y San
Primitivo in Sahagún.
Dieser freistehende
Bogen spannt sich
geradewegs über die
Straße.

Die zweite mudéjare
Backsteinkirche in
Sahagún heißt
San Lorenzo und
erhebt sich hier im
Hintergrund. In den
Innenstadtstraßen
geht es beschaulich zu.

155

Nicht für Fußpilger, aber für Motorisierte kommt bei Mansilla de las Mulas ein Abstecher nach San Miguel de Escalada in Betracht. Hier steht man vor einer der bekanntesten mozarabischen Kirchen in Spanien, geweiht zu Beginn des 10. Jahrhunderts und im 13. Jahrhundert mit einem klobigen Turm versehen. Zum Freiplatz hin wendet sich eine Fassade mit Hufeisenbögen. Dieses Gepräge setzt sich hinter der Tür im Innern fort und lässt das Gotteshaus dort wie eine Moschee wirken.

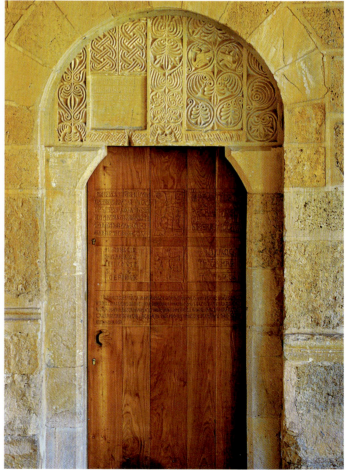

156

San Miguel de Escalada – ein Abstecher

Kirche oder Moschee? Die Antwort lautet Kirche, obgleich die architektonischen Elemente dem Typus einer Moschee entlehnt sind. Hufeisenbögen, filigrane Säulen, Steingitterfenster – das Gotteshaus von San Miguel de Escalada, rund 20 Kilometer nordöstlich des leonesischen Jakobswegortes Mansilla de las Mulas gelegen, steht als Paradebeispiel für den mozarabischen Stil. Mozaraber nannte man im Mittelalter Christen, die unter islamischer Herrschaft lebten. Im Falle der Begründer von San Miguel de Escalada hatte man es mit Mönchen zu tun, die zu Beginn des 10. Jahrhunderts aus dem andalusischen Córdoba flüchteten und sich im Norden mit Einverständnis des Königshauses und der Kirchenautoritäten eine neue Existenz aufbauten. Dabei ließen sie in ihre Bauwerke Elemente einfließen, die sie unter den Muselmanen schätzen gelernt hatten – daher die stilistische Mischung. Ursprünglich stand hier eine große Klosteranlage, die 913 geweiht worden sein dürfte. Nach restauratorischen Mühen hat sich einzig die Kirche samt klobigem Turm über die Zeit gerettet. Die einsame Lage gibt San Miguel de Escalada eine besondere Aura.

Blütenmeer am Jakobsweg bei Chozas de Abajo. Schopflavendel und Ginster tragen einen stillen Wettstreit um die größte Farbenpracht aus.

Seite 158/159: 90 Meter lang, 30 Meter breit, die Türme 65 und 68 Meter hoch – in León beeindruckt die gotische Catedral de Santa María de Regla alleine durch ihre Maße.

Bilder links und linke Seite:
Die Catedral de Santa María de Regla in León erstrahlt im Glanz der Gotik. Der Bau aus dem 13. und 14. Jahrhundert geht auf mehrere Meister zurück. Französische Vorbilder der Kathedrale waren Reims, Chartres und Amiens. In León erhebt sich der Bau auf dem höchsten Punkt der Altstadt, wo sich vormals Gebäudeteile der römischen Gründer und im Mittelalter ein Königspalast befanden. Am Mittelpfeiler des Hauptportals der Kathedrale begrüßt die Virgen Blanca, die „Weiße Jungfrau", die Besucher. An den Seiten des Portals stehen Heiligenskulpturen auf Sockeln.

Die bleiverglasten Fenster in der Kathedrale in León sind eine wahre Pracht. Das Licht fällt durch insgesamt 1800 Quadratmeter Fensterfläche. In einem Führer zur Kathedrale heißt es, Stein und Glas verleihen der Kathedrale einen speziellen Charakter, der zum Gebet und zur Meditation inspiriert.

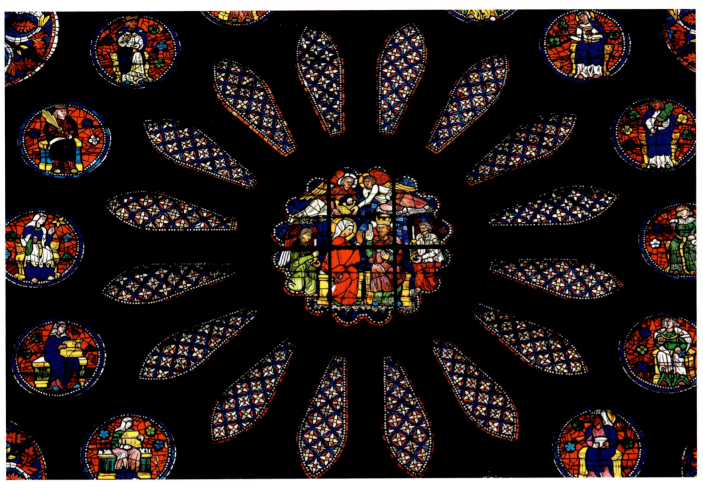

Die Buntglasfenster in der Kathedrale von León folgen einer speziellen Anordnung. In den unteren Bereichen wurzeln Blumen- und Pflanzenmotive als Zeichen der Natur, der Schöpfung. Dann geht es aufwärts mit Tugenden und Sünden, mit den Familienwappen der Förderer des Kathedralbaus, mit Königen und Propheten, mit Engeln und Heiligen in den Fensterrosen. Blau, gelb, rot – der Lichteinfall macht die Kathedrale zu einer sakralen Wunderwelt und lässt in all seiner Symbolik das Licht des Glaubens triumphieren.

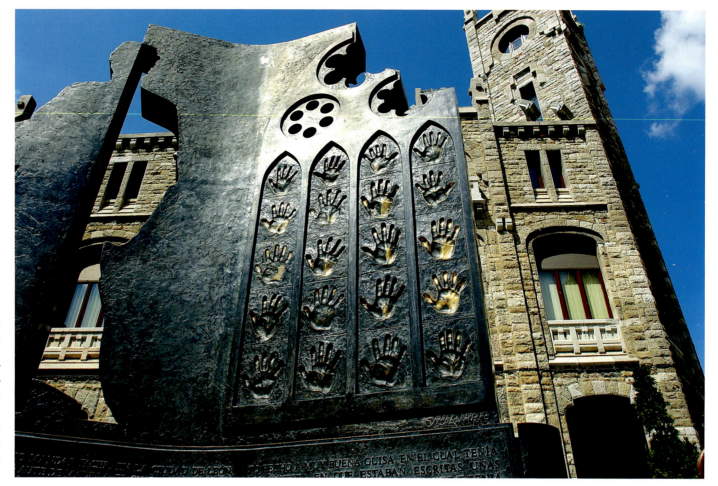

Das Hände-Monument auf dem Vorplatz der Kathedrale von León trägt völkerverbindenden Charakter und steht auch für all jene, die beim Kathedralbau buchstäblich Hand angelegt haben. So zumindest erzählen es die Stadtführer.

Provinzielle Ansicht in der Provinzhauptstadt León. Zur frühen Nachmittagszeit, wenn die berühmte Siesta herrscht, liegen viele Straßenzüge wie ausgestorben da.

In der Innenstadt
von León entstand
Ende des 19. Jahr-
hunderts in nur zehn-
monatiger Bauzeit
die Casa de Botines,
ein Werk von Jugend-
stilarchitekt Antoni
Gaudí. Auftraggeber
war eine wohlhabende
Textilhändlerfamilie.

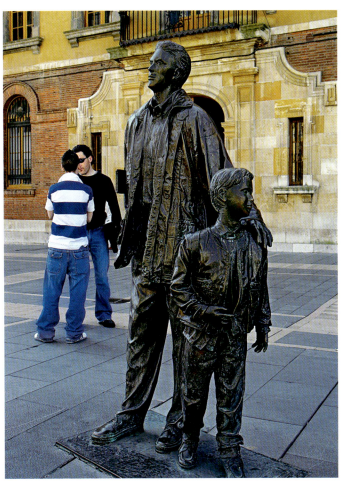

Bilder links:
Leóns Stadtväter und
-mütter haben ein
Faible für Denkmäler
und Skulpturen.
Im Schatten seiner
Casa de Botines sitzt
der aus Katalonien
stammende Jugend-
stilarchitekt Antoni
Gaudí (1852–1926)
auf einer Bank. Und
vor der Kathedrale
will ein Vater seinem
Sohn die Schönheiten
der Baukunst erklä-
ren, doch dieser
wendet sich kunst-
banausig ab.

Ab León zieht sich
der Jakobsweg ins
knapp 50 Kilometer
entfernte Astorga.
Manche Gegenden
sind Ödland, Páramo.
Der Ort Villadangos
del Páramo trägt
diesen Ödland-
Zusatz im Namen,
wichtigstes Bauwerk
ist die Jakobuskirche.

Zwanzig Brücken-
bögen sind es, die
Puente de Órbigo mit
Hospital de Órbigo
verbinden. Die
ältesten Bauteile
stammen aus dem
13. Jahrhundert.
Der Übergang ist
für Autos gesperrt.

Hinter der berühmten
Órbigo-Brücke geht
es weiter Richtung
Astorga. Bei Villares
de Órbigo hat man
sich zum Glück
von der vorher allzu
nah verlaufenden
Nationalstraße weg-
bewegt.

Seite 168/169:
Nach einer Brandkatastrophe Ende des 19. Jahrhunderts verlangte der Klerus von Astorga nach einem neuen Bischofspalast. Der Bischof, ein Katalane, beauftragte den Katalanen Antoni Gaudí, der ein fantasievolles Werk ausarbeitete und damit Polemik entfachte. Im Innern ist heute das „Museum der Jakobswege" untergebracht.

Rechts:
Majestätisch wirft sich die Doppelturmfront der Kathedrale von Astorga auf. Baubeginn war 1471, abgeschlossen wurde das Werk erst im 18. Jahrhundert.

Rechte Seite:
Astorgas Kathedrale Santa María zeichnet sich nicht gerade durch übermäßigen Lichteinfall aus. Das Mittelschiff mit seinem Sterngewölbe aus dem 16. Jahrhundert wirkt meist ein wenig düster.

Das Cruz de Ferro

Ein Kreuz, ein Stein. Beides gehört auf dem „Dach des Jakobsweges", auf 1504 Metern Höhe, unweigerlich zusammen. Kaum ein Pilger geht die Bergeinsamkeit zwischen Astorga und Ponferrada ohne Stein an. Manche bringen ihn aus der Heimat mit, manche fischen ihn aus dem letzten Bachbett bei Castrillo de los Polvazares. Ein ganz normaler Stein eigentlich, der am Cruz de Ferro, dem „Eisernen Kreuz", besonderes Gewicht erlangt. Als symbolischen Sünden- und Sorgenstein legt man ihn zu Füßen des kreuzgekrönten Baumstammes nieder, auf den Haufen zu den vielen tausend anderen Steinen der Vorausgezogenen. Ein tief ergreifender Moment, der Gedankenketten auslöst. Das Leben zieht im inneren Zeitraffer vorbei. Was habe ich richtig, was hätte ich besser anders gemacht? Was ist gewesen, was erwartet mich in Zukunft? Fragen und Zweifel umkreisen das eigene Dasein, verbunden mit Dankbarkeit, hier und heute bis zu diesem Punkt gelangt zu sein. Erinnerungen steigen auf. An Eltern, Kinder, Geschwister, Freunde, Bekannte, Lebensstationen. Obgleich das Cruz de Ferro gelegentlich in Schnee und Regen versinkt und von eisigen Winden gebeutelt wird – diese Station am Jakobsweg lässt niemanden kalt.

Endlich ist es erreicht auf 1504 Metern Höhe, das Cruz de Ferro, das „Eisenkreuz". Hier legen Pilger ihre symbolischen Sünden- und Sorgensteine ab. Die Überhänge der hinten liegenden Kapelle bieten Schutz bei Regen.

Der Weg vom Cruz de Ferro Richtung Ponferrada führt durch eine traumhafte Berggegend. Im Frühling grünt und blüht hier die Natur.

Im verfallenen Ort Manjarín hält diese urige Herberge an der Pilgerversorgung fest. Hier verbringt man ganz besondere Nächte – vorausgesetzt, man ist bereit, auf die Annehmlichkeiten der Zivilisation zu verzichten. Kurios ist auch der Weghinweiser vor der Herberge.

Die Pilgerherbergen – so vielfältig wie der Jakobsweg selbst

Der Jakobsweg schweißt zusammen, viele Pilger fühlen sich durch ein unsichtbares Band zu einer großen Solidargemeinschaft verbunden. Nachmittags und abends setzt sich der Weg der unaufhörlichen Begegnungen in den Pilgerherbergen fort. Die Unterkünfte sind Sammelbecken, Oasen, Treffpunkte von Gleichgesinnten. Stockbetten, Toilette, Waschgelegenheit, ein Dach über dem Kopf. In den Herbergen reduziert sich das Denken und Trachten zunächst einmal auf das Notwendigste. Ungestörte Ruhe sollte man angesichts von Mehrbettzimmern bis hin zu Fünfzigerschlafsälen nicht erhoffen. Nächtens lassen Schnarcher die Balken biegen, zu frühester Morgenstunde keimt Geraschel von Plastiktüten auf, Ausdünstungen jedweder Art erfüllen die Räumlichkeiten mit einer besonderen Aura. Alleine der Vielzahl

Mitte:
Die kleinsten Zeichen sorgen oft für die größte Erleichterung, wie hier beim Aufstieg zum Cebreiro-Pass. Bald kommt die Pilgerherberge von La Faba.

Oben:
Pilgeralltag in Boadilla del Camino zwischen Castrojeriz und Frómista – die Wäsche muss trocknen bis zum nächsten Morgen.

der abgestellten Schuhe entsteigt eine betäubende Geruchspotenz, die sanitären Einrichtungen sind nicht immer ein Fall für Genießer.

Für fehlenden Komfort entschädigt der Austausch mit anderen Pilgern. Da kocht man zusammen mit Franzosen und Brasilianern, da trifft man sich mit Kanadiern im Salon und geht gemeinsam zum Abendgottesdienst in die nächstgelegene Kirche, da plaudert man von Pritsche zu Pritsche mit Iren und Spaniern. Das ist Völkerverständigung par excellence, bevor man die Ohren mit Stöpseln füllt, um den drohenden Dezibelattacken der geräusch-

aktiven Nachtatmer zu entgehen. Tags darauf sieht man sich wieder. Beim Frühstück, unterwegs, am Abend in der nächsten Herberge.

Es gibt kein typisches Modell einer öffentlichen Pilgerherberge, die auf Spanisch „refugio" oder „albergue de peregrinos" heißt. Jede ist nur insofern gleich, als man für die Benutzung einen Pilgerausweis benötigt; den Ausweis erhält man an prägnanten Wegpunkten oder bei einer Jakobusgesellschaft. Ein Blick auf die Infrastruktur des Camino de Santiago zeigt, dass sich alleine zwischen den Pyrenäenpässen (Ibañeta, Somport) und Santiago de Compostela rund 200 Herbergen aufreihen. Manche der Unterkünfte liegen in kirchlicher Hand, manche sind privat, andere werden personell von Mitgliedern in- und ausländischer Jakobswegvereinigungen unterhalten. In den Herbergen kann man keine Pritsche vorbestellen. Es gilt das Prinzip „Wer zuerst kommt, bettet sich zuerst", weshalb sich bereits zur Mittagszeit Warteschlangen all jener Erschöpften bilden können, die seit dem ersten Hahnenschrei unterwegs gewesen sind. Und wer zuletzt kommt? Sind die Betten belegt, findet sich mit Glück ein Eckchen für die Isomatte. In der Sommersaison, wenn die meisten Pilger unterwegs sind, werden an manchen Punkten zusätzlich militärische Sammelzelte aufgebaut oder Turnhallen zu Massenschlaflagern umfunktioniert.

Feste Regeln in den Herbergen

Die Herbergen sind mehrheitlich für etwa 30 bis 60 Pilger ausgerichtet und kosten im Schnitt fünf bis sieben Euro pro Person; in den von der öffentlichen Hand finanzierten Herbergen Galiciens wird im Regelfall nur um eine Spende gebeten. Unabdingbar sind: eigener Schlafsack, eigene Handtücher, eigene Seife. Wer keinen Notstand auf dem Örtchen riskieren will, bringt eigenes Klopapier mit. In jedem Haus ist eine Nacht erlaubt, nicht mehr. Zum weiteren Regelwerk zählt, dass man abends zumeist bis zehn Uhr zurück und spätestens um acht Uhr morgens wieder auf dem Weg sein muss. Dann

beginnt drinnen das Reinemachen, um später die Nachfolger aufzunehmen – der Herbergskreislauf des Tages.

Mahlzeitenservice gibt es in den Herbergen im Regelfall nicht. Dafür Küchen, die sich an Selbstversorger richten; für die Garantie von Besteck, Geschirr und Pfannen mag man die Hand nicht ins Feuer legen. Das Herbergspersonal hilft mit Tipps für Kneipen, Restaurants und Einkäufe weiter. Ausstattung und Rahmen der Unterkünfte sind so vielfältig wie der Jakobsweg selbst. Einige Herbergen sind in umgestalteten Kapellen oder Dorfschulen eingerichtet, andere eigens im Zuge des Pilgerbooms erbaut worden. Manchmal gibt es Waschmaschine und Trockner, Kühlschrank, Kaffeemaschine, Zentralheizung, Schließfächer, Fahrradabstellraum, Internetzugang.

Gästebücher und Internetforen legen Zeugnis der Pilgeraufenthalte ab. Da lobt man die „wunderbare Atmosphäre", die „grandiose Gastfreundschaft", die „vorbildliche Behandlung der Blasen durch die Herbergswirtin". Andere Pilger hingegen konnten „kein Auge zutun", beklagen sich über „fehlendes warmes Wasser" und wollen sich „Wanzen eingefangen" haben. Notorische Nörgler auf der Suche nach Haaren in der Dusche und Flecken auf den Matratzen werden sicher irgendwo fündig, doch niemand ist gezwungen, in den einfachen Häusern zu übernachten. Pilgerherbergen sind am Jakobsweg ein hervorragender Service, der sich nicht mit Gasthausniveau messen will. Die Atmosphäre wird jeder anders empfinden. Unvergesslich bleibt der Aufenthalt so oder so…

Links:
Die Pilgerherbergen setzen die historische Tradition der klösterlichen Pilgerspitäler fort; aus diesem Grund nennt sich die Herberge in Estella „Hospital de Peregrinos".

Unten:
Pilgerherbergen, wie hier in Castrojeriz, sind populäre Treffpunkte, in denen man sich mit Weggefährten austauschen kann. Vor Schnarchern ist allerdings niemand sicher.

Ganz unten:
Wer in Pilgerherbergen übernachtet, muss einen gewissen Gemeinschaftssinn mitbringen. Nicht nur in den Schlafsälen, auch in den Küchen – wie hier in der Herberge von Pedrouzo – kann es eng werden.

Durch die Montes de León verläuft eines der schönsten Jakobswegstücke, auch wenn der Abstieg hinter Manjarín ganz schön in die Gelenke zu gehen beginnt. Für die Strapazen entschädigt wird man mit unvergesslicher Gebirgsstimmung und einem gelegentlichen Schmetterlingstanz. In Molinaseca haben die steilen Passagen ein Ende.

Im Durchgangsort El Acebo drängen Bruchsteinfassaden und Holzbalkone an die Straßenschneise, die sich hier mit dem Weg für Wanderer deckt.

Die Idylle trügt ein wenig im Örtchen Ambasmestas. In der Nähe donnert der Verkehr auf der Autobahn vorbei und trübt im Tal des Río Valcárce das Pilgererleben.

Etwa auf halbem
Weg zwischen
Ponferrada und
Villafranca del
Bierzo liegt der Ort
Cacabelos. Am
Ortsende geht es ins
lokale Heiligtum
Quinta Angustia
hinein, das eine
Dolorosa birgt.
Kurios ist auch
eine Darstellung
im Innern des
Heiligtums. Der
heilige Antonius
spielt Karten mit
dem Jesuskind.

Die Burg der
Templer, Castillo
de los Templarios,
ist das alles beherr-
schende Bauwerk
in Ponferrada.
Es nimmt eine
Fläche von etwa
8000 Quadrat-
metern ein.

Das römische Goldminengebiet Las Médulas zeigt sich als eine der kuriosesten Landschaften in Spanien. Das bizarre Aussehen gründet sich auf Zerstörungen durch den Goldrausch.

Las Médulas – ein Abstecher

Felsenfinger, Türme, schroffe Wände und Buckel. Farbspiele zwischen Rostbraun und Ocker, dazwischen das Grün von Bäumen und Büschen. In Las Médulas, rund 25 Kilometer südwestlich von Ponferrada, öffnet sich das Tor in ein Goldbaugebiet der Römer, das zwischen Mitte des 1. und Anfang des 3. Jahrhunderts n. Chr. unglaubliche Reichtümer abwarf. Kühnste Schätzungen beziffern die Gesamtfördermenge auf annähernd fünf Millionen Kilogramm Gold. Dies erforderte nicht nur Heerscharen an Sklaven, sondern ein ausgeklügeltes System. Die Methode beruhte darauf, Berge mit Schächten und Stollen zu durchlöchern und Kanäle aus höheren Gebieten hinzuzuleiten. Auf das Kommando „Wasser marsch!" wurde das Innere der Berge regelrecht ausgespült und wälzte sich in vorbereitete Becken und Gruben, in denen die eigentliche Goldsuche begann. Geblieben ist eine bizarre Landschaft, deren Erdreich sich regeneriert hat und vereinzelte Schacht- und Stollenreste bewahrt. Der beste Gesamtüberblick bietet sich vom Aussichtspunkt Orellán, während im Örtchen Las Médulas Wanderwege durch die gleichnamigen Bergkulissen starten. Als ein Zeugnis des römischen Goldrauschs zählt Las Médulas zum Weltkulturerbe der UNESCO.

Auch wenn es nicht so aussieht – in Wahrheit hat Menschenhand die beeindruckende Bergszenerie von Las Médulas modelliert. Ohne Rücksicht auf Verluste spülten die Römer ganze Berge auf der Suche nach Gold durch. Das Areal ist von der UNESCO zum Kulturerbe der Menschheit ernannt worden.

Um Cacabelos und
Villafranca del
Bierzo durchquert
der Jakobsweg die
Weingärten im
Landstrich Bierzo.
Abends kann man
mit einem guten
Tropfen auf die
Erlebnisse des Tages
anstoßen.

„Nach Santiago"
besagt dieses Schild
in den Weinbergen
des Bierzo. Allerdings
ist die Stadt nicht
gerade um die
Ecke gelegen. Es
fehlen noch knapp
200 Kilometer.

Der Aufstieg auf den 1300-Meter-Pass O Cebreiro gehört zu den größten Anstrengungen auf dem Jakobsweg. Hier geht es durch die Gegend bei La Faba.

Hinter Villafranca del Bierzo schnürt sich das Tal des Río Valcárce eng zusammen. Die kleinen Parzellen werden für Selbstversorgungs-Landwirtschaft genutzt.

DAS PILGER-ZIEL IN SICHTWEITE – GALICIEN

Die Kathedrale beherrscht die Altstadt von Santiago de Compostela, ist jedoch nicht der einzige Magnetpunkt. Mit einer Vielzahl an Kirchen und Palais gehört das historische Viertel in seiner Gesamtheit zum Weltkulturerbe der Unesco.

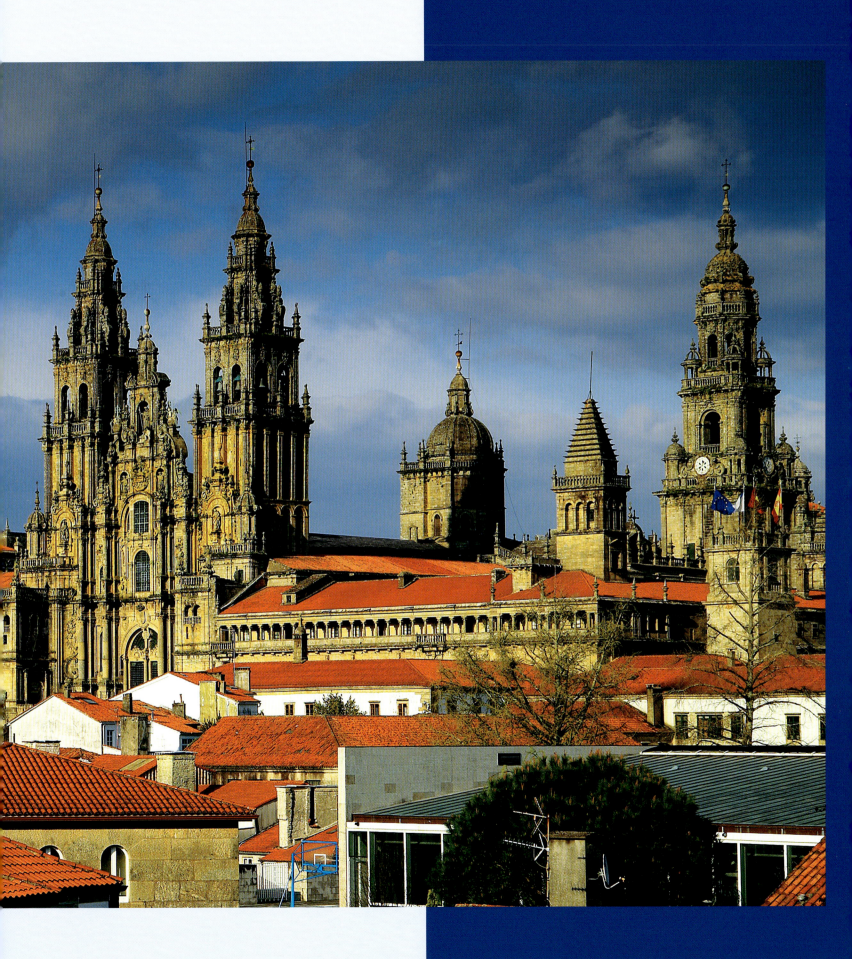

DAS PILGER-ZIEL IN SICHTWEITE – GALICIEN

„151 km" zeigt der Muschelstein in O Cebreiro an. Sechs bis acht Etappen zu Fuß, zwei Tage für trainierte Radler, ein Tag im Auto – Santiago de Compostela rückt näher. Keine größere Stadt liegt mehr am Weg, keine Kathedrale lenkt vom Blick auf das Endziel ab. Feinheiten setzen die Glanzpunkte, beginnend im Bergdorf O Cebreiro, der ersten Station in Galicien. Die präromanische Kirche ist Reststück einer Klostergemeinschaft, in der bereits 836 die Betreuung der Pilger einsetzte. Unter den aus der Auvergne gekommenen Benediktinern schlug im weiteren Verlauf des Mittelalters zumindest einer aus der Art. Eine Legende besagt, der Mönch habe eines Tages einen Bauern verachtet, der bei Eis und Schnee

Immer wieder sieht man am Jakobsweg historische Wegkreuze. Dieses hier in Melide datiert aus dem 14. Jahrhundert.

in den Ort hinaufzog, um die Messe zu hören. Die göttliche Lektion folgte bei der Feier der Eucharistie, als sich vor den Augen des anmaßenden Ordensmannes der Wein in Blut und die Hostie in Fleisch verwandelte. Das Beiwerk des Wunders, Kelch und Hostienschale, haben ihren Ehrenplatz in einem Schrein in der Kirche gefunden. Ein Marienbildnis wacht über die Gläubigen, man fühlt sich warm aufgenommen im kühlen Gestein. Draußen duckt sich die Häusermasse von O Cebreiro um den 1300-Meter-Pass zusammen. Ein Kleinstgeflecht aus Längs- und Quergassen, Kneipen, Andenkenläden. Im Keltenstil sind „pallozas" gehalten, wieder aufgebaute Bruchsteinhäuser mit Strohdächern. Oft wird die Gegend von Regen und Winden gepeitscht, Minuten später erstrahlt das Gebirgspanorama in glasklarem Licht.

Von Grün durchtränkt

Wiesen, Rinderweiden, Eukalyptus, Kiefern, Edelkastanien, Farne, Moos. Galicien ist von Grün durchtränkt. Dörfer und Gehöfte liegen weit ausgestreut, Steinmauern verlaufen zwischen den Parzellen. Der Ginster leuchtet, im Herbst sind Brombeerhecken überreich gefüllt. Nach kleinen Zwischenpässen, über die sich parallel die Straße zieht, stürzt der Pfad tief ins Tal von Triacastela. Auf Baumstämmen weisen die gelben Pfeile wie üblich den Weg, eher unüblich sind Abrisszettel an Hauswänden mit Handynummer für den „Taxitransport von Pilgergepäck" – ob manch einer anbeißt? Im Retabel der Dorfkirche von Triacastela begrüßt ein pilgernder Jakobus die Ankömmlinge, an den Wänden hängen Glaubens- und Motivationsparolen des Pfarrers.

„Christ sein bedeutet, Jesus mit unseren Möglichkeiten nachzuahmen", liest man dort. In den Strömen der Zeit versunken sind das große Pilgerspital, die Schmiede, das Pilgergefängnis. Im Mittelalter, so hat es der Codex Calixtinus überliefert, nahmen Pilger Kalksteine aus Triacastela mit und trugen sie einige Tage weiter nach Castañeda, wo man in den Öfen „Kalk für den Bau der Basilika des Apostels" brannte. Mit der Steinlast im Gepäck leistete jeder Pilger seinen Beitrag zum Fortgang der Arbeiten und fühlte sich umso stärker mit dem Jakobskult verbunden.

Endspurt oder Startpunkt: der Kilometerstein 100

Samos heißt das letzte große Kloster, das im 6. Jahrhundert erstmals beurkundet wurde und in den Händen von Benediktinern liegt. Der Anlage ist eine Herberge angeschlossen, der Rundgang führt durch zwei große Kreuzgänge. Im kleineren der beiden reibt man sich am Brunnen der Nereiden verwundert die Augen. Zwischen den Schalenbecken stellen Meernymphen ihre üppig gerundeten Reize zur Schau; neugierige Blicke tropfen an den barbusigen Wesen ab. Sarria setzt einen kleinstädtischen Einschnitt im ländlichen Galicien, der berühmte Kilometerstein 100 liegt zwischen Barbadelo und Ferreiros. Wer ab hier bis Santiago de Compostela den Marsch per Stempelfolge im Pilgerausweis belegt, darf sich im Pilgerbüro die „Compostela"-Urkunde ausstellen lassen. Pilgerweg und Straße decken sich auf der Brücke über den Stausee von Belesar, über dessen Ufern Portomarin bis zur zinnenbesetzten Wehrkirche aufsteigt. Unter den Granitarkaden mit ihren Cafés und Restaurants hängt Pilgerflair.

Im galicischen Samos steht diese moderne Pilgerskulptur direkt an der Straße. Ab hier verbleiben etwa 120 Kilometer bis Santiago de Compostela.

Der Weg führt von Dorf zu Dorf, kreuzt gelegentlich die Straße. Es bleibt grün, provinziell, hügelig. Auf Anstieg folgt Abstieg, auf Abstieg folgt Anstieg. Passagen durch Wälder, Felderlandschaft. Bäche und Regengüsse machen Galicien zum permanenten Feuchtgebiet. Alle fünfhundert Meter gibt ein Muschelstein die verbleibende Strecke bis zum Sehnsuchtsziel Santiago de Compostela an. Etwas abseits liegt die romanische Kirche von Vilar de Donas mit Grabstätten von Jakobusrittern. Stille Wahrzeichen Galiciens sind die „hórreos", oftmals mit Mais gefüllte Vorratsbauten auf Granitstelzen. Palas de Rei, Melide mit den Apsisfresken in der Kirche Santa María, Boente. Vierzig Kilometer noch in Arzúa. Die Spannung steigt, der Betrieb nimmt zu. Auf dem Monte do Gozo, dem „Berg der Freude" mit dem Denkmal der jubelnden Pilger, treten sie in der Ferne hervor, die Türme der Kathedrale von Santiago de Compostela. Mit der Ankunft naht der Abschied vom Jakobsweg, das Ende der äußeren Pilgerschaft. Im Innern indes beginnen Erlebnisse und Erkenntnisse erst richtig zu arbeiten ...

Dies ist der Typus der Wahrzeichen in galicischen Dörfern: ein „hórreo". Hórreos werden als Speicher genutzt, meist für Mais. Die Struktur steht auf einem Steinfundament, wichtig sind die seitlichen Belüftungsschlitze.

Geschafft! Stolz darf
man nach Abschluss
der Pilgerschaft auf
die „Compostela"-
Urkunde sein, die
man sich in Santiagos
Pilgerbüro in der
Casa do Deán nach
Prüfung der Stempel
im Ausweis ausstellen
lässt.

Erste Station in Galicien ist das urtümliche Dorf O Cebreiro auf dem gleichnamigen Pass. Es gibt einige wieder-aufgebaute Bruch-steinhäuser mit stroh-gedeckten Dächern. Die Häuser heißen „pallozas" und beru-hen auf keltischen Vorbildern.

Im Innern der prä-romanischen Kirche von O Cebreiro erinnert ein Schrein mit Kelch und Patene (links im Bild) an das eucharistische Wunder. Rechts an der Wand hält das romanische Bildnis der Santa María la Real ihre schützende Hand über die Gläubigen.

Im winzigen
O Cebreiro kann
man sich nicht
verlaufen, es gibt
einzig einige Längs-
und Quergassen.
Im Hintergrund ist
die präromanische
Kirche zu sehen.

In galicischen
Dörfern, die vor der
Gefahr der Überalte-
rung stehen, sprudelt
der Jakobsweg als
neue Geschäftsquelle.
Pilgerstöcke werden,
wie hier kurz vor
Triacastela, direkt
am Wegrand frisch
geschnitzt und ver-
kauft. Wer Zeit hat,
sieht dem Meister bei
der Arbeit zu.

Hinter dem
1300-Meter-Pass
O Cebreiro hält sich
der Weg ein Stück
auf ähnlichen Höhen.
Hier genießt man
prächtige Ausblicke
auf die Bergwelt.

Der Alto de San
Roque ist ein kleiner
Zwischenpass
zwischen O Cebreiro
und dem beginnen-
den Abstieg nach
Triacastela. Gute
Gelegenheit, eine Rast
an der Pilgerskulptur
einzuschieben. Hier
zieht allerdings nicht
Jakobus, sondern
der heilige Rochus,
San Roque, voran.

192

Die Pilger – eine kleine Statistik

Millionen sind es, die jährlich das Grab des Jakobus besuchen – doch nicht jeder nennt sich Pilger. Legt man die Statistiken der in Santiago de Compostela ausgegebenen Urkunden zu Grunde, treffen bis zu 200 000 „echte Pilger" pro Jahr ein. Will heißen: diejenigen, die mit Pilgerausweis unterwegs und mindestens die letzten 100 Kilometer marschiert oder die letzten 200 Kilometer geradelt sind. An der Spitze der Ankömmlinge aus rund 150 Ländern stehen die Spanier selber, gefolgt von Deutschen, Italienern und Franzosen. Zu den Exoten zählen Südafrikaner, Uruguayer, Senegalesen, Libanesen. Auf die Monate Juli und August entfallen meist 40 Prozent der gesamten Pilgerankünfte, zwischen Dezember und Februar liegt der Monatsschnitt oft nur im dreistelligen Bereich. Das Verhältnis Pilgerinnen zu Pilgern bewegt sich um 40:60 Prozent, die Altersgruppen zwischen 19 und 65 Jahren zeigen sich ausgewogen. Erstaunlich ist der regelmäßige Anteil der 13- bis 18-Jährigen, der bei etwa zehn Prozent liegt. Bei den Berufsgruppen haben Studenten die Nase vorn, gefolgt von Angestellten und Selbstständigen. Im Mittelfeld hält sich die Beamtenschaft, die Hausfrauen und Künstler deutlich überflügelt.

Auf dem langen Abstieg nach Triacastela entspannen sich die Muskeln um das winzige Ramil ein wenig. Dann geht es weiter abwärts – immer dem gelben Pfeil nach.

Seite 194/195:
Das Kloster von Samos liegt im Tal des Río Ouribio und ist den Märtyrern San Julián und Santa Basilisa geweiht. Die Bauteile gehen größtenteils auf das 16. bis 18. Jahrhundert zurück. Hinter den Mauern lebt heute eine kleine Benediktinergemeinschaft.

Sieht man einmal von Sarria ab, gibt es am Jakobsweg durch Galicien kein nennenswertes Städtchen. Alles bewegt sich in ländlichem Rahmen, ein ums andere Mal tauchen Gehöfte auf, hier bei Samos.

Die Muschelmotive setzen sich auf alle erdenklichen Arten fort. Bei Samos ist dieses moderne Geländer damit dekoriert.

Grün, grün und
nochmals grün –
so sieht es aus in
Galicien, wo viele
Wegstrecken durch
Mutter Natur laufen.
Stets zur Hand sollte
man einen Regen-
schutz haben, denn
das Grün wird per
Himmelsschleusen
reichlich bewässert.
Beide Fotomotive
dokumentieren
Passagen im Raum
Sarria.

Seite 198/199:
Südlich der Jakobs-
wegachse bietet sich
für Motorisierte ein
Ausflug in die Gegend
um die Sil-Schlucht
an. Dort liegt male-
risch in die Land-
schaft eingefasst das
Kloster San Esteban
de Ribas de Sil, das
seit dem 10. Jahrhun-
dert dokumentiert ist.

Portomarin liegt hoch über den Ufern des Embalse de Belesar, ein Stausee, der vom Miño gespeist wird. Örtliches Wahrzeichen ist die trutzige Wehrkirche San Nicolás, die man bereits aus der Ferne ausmacht.

Bei Palas de Rei steht wieder einmal ein „hórreo" am Weg. Im Mittelalter sollen in eben diesen einsamen Gegenden Prostituierte am Weg auf Pilger gewartet haben – das älteste Gewerbe der Welt florierte auch hier.

Kurz vor Melide erreicht man Furelos. Dort legt sich eine mittelalterliche Brücke über den gleichnamigen kleinen Fluss.

Es duftet und duftet und duftet. Ganz typisch für den Bewuchs am Jakobsweg durch Galicien sind Eukalyptushaine, wie hier bei Amenal.

Die Hauptfassade
der Kathedrale
von Santiago de
Compostela gilt als
Meisterwerk des
Barock. Der Mittelteil
der Fassade wirkt
wie ein gigantisches
Retabel, in dem die
Skulptur des Jakobus
in der oberen Nische
alle Ankömmlinge
begrüßt. Zum West-
eingang der Kathe-
drale führt ab der
vorliegenden Praza
do Obradoiro eine
breite Renaissance-
treppe hinauf.

Der Codex Calixtinus

Der Codex Calixtinus steht in der Reihe genialer Fälschungen aus dem Mittelalter. Name und persönlich verbürgte Passagen machen Glauben, dass dieses Sammelwerk zum Jakobuskult um 1120 von keinem Geringeren als Papst Calixtus II. verfasst wurde. Dahinter steckte indes der Machtstratege Diego Gelmírez, dem es zur selben Zeit gelang, Santiago de Compostela vom Bischofs- zum Erzbischofssitz zu erheben und das oberste Amt gleich selbst zu bekleiden. Gelmírez war es auch, der den aus dem französischen Poitou stammenden Aymeric Picaud als eine Art Chefherausgeber für das Projekt gewann. Heraus kam eine fünfbändige Fleißarbeit, die sämtliche Zweifel an der Wahrhaftigkeit der Reliquien des Jakobus in Santiago de Compostela ausräumte. Im Codex Calixtinus steht der heilige Apostel im Mittelpunkt von Predigten und Mirakeln, während der detailliert beschriebene Pilgerweg durch die Landstriche Frankreichs und Nordspaniens noch heute als Klassiker gilt. Der drohende moralische Zeigefinger des Verfassers gibt gleichzeitig den Blick auf den Pilgeralltag im Hochmittelalter frei. Da ist von üblen Wirten die Rede, von betrügerischen Flussschiffern und der Last mit den Lastern. Prostitution am Jakobsweg, so erfahren wir, war durchaus verbreitet.

Seite 204/205: Die barocke Hauptfassade der Kathedrale von Santiago de Compostela verdeckt und schützt das dahinter liegende Ursprungsportal, den Pórtico de la Gloria. Dieses Meisterwerk der Romanik geht auf Meister Mateo zurück. Unterhalb des auf dem Mittelpfeiler thronenden Jakobus legen Pilger ihre Finger in die steinerne Wurzel Jesse – ein Symbol, ein Glaubensbekenntnis.

Freudige Erleichterung drückt diese moderne Pilgerskulptur auf der Praza da Paz in Santiago de Compostela aus. Für die Angekommenen naht allerdings der baldige Abschied – und dies bedeutet für manche wiederum den Anfang, sein Leben neu zu ordnen.

Die Capilla del Pilar liegt im Chorumgang der Kathedrale von Santiago de Compostela und ist der „Jungfrau auf der Säule" (Pilar) geweiht. Diese soll Jakobus im Jahre 40 in Zaragoza bei seiner wenig erfolgreichen Mission Mut zugesprochen haben.

Die Kathedrale von Santiago de Compostela zeigt eine Flut an Details. Diese Skulptur zeigt Salome, die Mutter des heiligen Jakobus (rechts). Selbstverständlich ist ein Bildnis des Apostels nicht weit, der die Pilger in seinem Heiligtum willkommen heißt (ganz rechts).

Ebenfalls im Chor-
umgang der Kathe-
drale von Santiago
de Compostela
gelegen ist das Innere
der Heiligen Pforte,
Puerta Santa. Diese
wird in den Heiligen
Jahren geöffnet,
immer dann, wenn
der Jakobustag am
25. Juli auf einen
Sonntag fällt.

Unter dem Hochaltar
der Kathedrale von
Santiago de Com-
postela führt eine
schmale Treppe hinab
in einen Vorraum.
Dort blickt man
durch ein Gitter auf
das Allerheiligste:
das Grab des heiligen
Jakobus.

207

Flutendes Licht, warm angestrahlte Bögen – nicht immer herrscht in der Kathedrale von Santiago de Compostela besinnliche Stimmung. Das Gemurmel sorgt häufig für einen beträchtlichen Lärmpegel.

Ein „Muss" für Gläubige ist die Teilnahme an der Pilgermesse. Diese ist täglich um zwölf Uhr mittags in der Kathedrale von Santiago de Compostela angesetzt.

Der Botafumeiro

In wallenden rötlichen Überwürfen ziehen sie ins Hauptschiff ein. In ihrer Mitte, wie eine Jagdtrophäe, tragen sie den Botafumeiro, den Weihrauchwerfer. Es ist der Trupp der Tiraboleiros, ein eingespieltes Team aus Männern, die genau wissen, wie das mitsamt Ketten eineinhalb Meter hohe Silbergefäß in der Seilaufhängung anzubringen und durch das Querschiff der Kathedrale von Santiago de Compostela zu schwingen ist. Im Innern des Behältnisses glüht der Weihrauch. Unter gespannten Blicken bringen die Männer den Botafumeiro in Schwung. Er zischt bedrohlich nah über die Reihen hinweg, man spürt den Luftzug. 70 Stundenkilometer soll er erreichen. Wenige Minuten später ist Schluss, nicht selten begleitet von Applaus in den heiligen Hallen. Historisch war der Weihrauchwerfer ein Segen, um üble Pilgerdünste zu bekämpfen. Heute ist sein Einsatz zu einem Spektakel verkommen, was gleichwohl sehens- und riechenswert ist. Offiziell geschwungen wird der Botafumeiro einzig an hohen Festtagen oder zu Ehren illustrer Gäste, vor allem in den heiligen Jahren. Inoffiziell ist ein Arrangement über einen festgelegten „Spendensatz" an die Erzdiözese möglich. Geschäft ist Geschäft – auch oder gerade in der Stadt des heiligen Jakobus.

Warten auf den Botafumeiro, den berühmten Weihrauchwerfer. Hier wird er gerade an der Aufhängung angebracht, im Hintergrund warten die Seilzieher.

Der Pferdebrunnen an der Praza das Praterias in Santiago de Compostela inspirierte den Dichter Federico García Lorca zu einem stimmungsvollen Gedicht. Im Hintergrund geht es über die breite Treppe hinauf zum Praterias-Portal der Kathedrale.

Rechte Seite: Zur Osterzeit stehen in Santiago de Compostela Prozessionen durch die Straßen an. Dann sind vermummte Büßer mit Standbildern unterwegs. Unser Bild zeigt die Palmsonntagsprozession der studentischen Bruderschaft „Cofradía de la Esperanza".

Die Stadt Santiago de Compostela

Im Herzen der Pilgermetropole dreht sich alles um „die Eine": die Praza do Obradoiro, den „Werkstattplatz", so genannt, weil er einst beim Bau der Kathedrale als Open-air-Gelände der Kunsthandwerker diente. Hier wurde im Mittelalter gemeißelt, gehämmert, gefeilt. Heute setzt sich die Betriebsamkeit fort, hier laufen die Fäden in Galiciens Hauptstadt zusammen. Ermattete Pilger treffen ein, Reisegruppen, Würdenträger jedweder Art. Der Platz ist Schaubühne, Rastpunkt, Festkulisse. Musiker spielen auf, Straßenkünstler stehen als Hexen und Römer verkleidet auf Podesten und regen sich bei klingender

Die Altstadtgassen und kleinen Plätze von Santiago de Compostela pflegen ihr behagliches Ambiente.

Münze, ein Pseudopilger in wehendem Umhang postiert sich mit Pilgerhund zum Foto. Majestätisch breitet sich Santiagos Vorzeigeplatz aus, umrahmt von Prunkbauten, die Ursprung, Fortschritt und Wirtschaftskraft von Santiago de Compostela belegen.

Die Kathedrale und der einstige Erzbischofspalast Pazo de Gelmírez halten die Kirchenmacht vor Augen, das historische Pilgerspital und heutige Paradorhotel Reis Católicos steht für Pilgertum und blühenden Fremdenverkehr, der Regierungs- und Rathaussitz Pazo de Raxoi für Politik und Verwaltung. Hinzu kommt der kleine Colexio de San Jerónimo, Sitz des Hochschulrektorats und Aushängeschild der Bildung in einer der beliebtesten Universitätsstädte Spaniens. Mehr als 30 000 Studenten hauchen Santiagos geballter Baukunst Leben ein, Gassen und Plätze bieten den Rahmen für Ausgehfreuden. In Cafés und Kneipen geht es betriebsam und bunt gemischt zu, quer durch alle Altersstufen und Nationalitäten, denn für Zusatzflair sorgen

Rechts: Gegenüber der Nordfassade der Kathedrale von Santiago de Compostela liegt das gewaltige Kloster San Martiño Pinario; ganz oben teilt der heilige Martin, der Namensgeber, seinen Mantel mit einem Bettler.

alljährlich Millionen von Besuchern. Die meisten Menschenmassen wogen regelmäßig in der Rua do Franco und der Rua do Vilar auf und ab, dazwischen verströmen Granitarkaden Kühle und bieten Unterschlupf bei Santiagos berüchtigtem Regen. Restaurants locken mit Präsentiertellern in den Vitrinen, Andenkenshops mit angehäuftem Nippes und Souvenirs „made in China".

Irgendwann gelangt man automatisch zurück auf einen der Plätze um die Kathedrale. An der Praza das Praterías plätschert der Pferdebrunnen, hinter dem eine breite Treppe zum Südportal der Kathedrale ansteigt. Ein Eck weiter öffnet sich mit der Praza da Quintana ein vormaliges Friedhofsgelände, an das die Gitterfensterfront des Mosteiro de San Paio de Antealtares stößt, das älteste Kloster der Stadt. Anfänglich oblag einer Gemeinschaft aus Benediktinern die Pflege und der Schutz des Jakobusgrabes, ehe die Anlage Ende des 15. Jahrhunderts in die Hände von Benediktinerinnen gelangte und zu Galiciens gewichtigstem Nonnenkloster aufstieg. Noch immer leben knapp vierzig Ordensschwestern hinter den Mauern; zu Gesicht bekommt man sie bei den abendlichen Gesängen in der Kirche.

Das Jakobusgrab, der Urgrund des Pilgertums

In Heiligen Jahren – jene Jahre, in denen der Jakobustag, der 25. Juli, auf einen Sonntag fällt – winden sich lange Schlangen über die Praza da Quintana, um die Schwelle der Heiligen Pforte zu kreuzen.

Unter den Augen einer Jakobusskulptur als Pilger, beflankt von seinen Jüngern Theodorus und Athanasius, gelangt man durch die Pforte direkt in den Altarumgang. Unabhängig von Heiligen Jahren, führt im Inneren der Kathedrale der Weg aller Ankömmlinge hinauf in den Hochaltar zu einer weiteren Figur des Jakobus, die man traditionsgemäß von hinten umarmt. Unter dem Altarbereich läuft eine schmale Treppe abwärts zum Jakobusgrab. Sieben ausgetretene Stufen sind es, bis sich ein kleiner Vorraum öffnet und den ersehnten Blick durch ein Gitter freigibt. Am Ende eines ausgeleuchteten, kurzen Ganges sieht man ihn endlich, den Reliquienschrein des heiligen Jakobus. Hier liegt der Keim, hier liegt der Urgrund des Pilgertums. Über dem punktgenau beleuchteten Silberschrein hängt ein Stern, ebenfalls silberglänzend, der auf die Legende der Wiederentdeckung des Apostelgrabes mit Hilfe von Sternenlichtern weist. Immer wieder drängen Ankömmlinge in den Vorraum nach, der sich nur bedingt für eine innere Einkehr eignet. Wie überhaupt in der Kathedrale ein stetes Kommen und Gehen herrscht. Zur Mittagszeit steigen Unruhe und Vorfreude der Gläubigen auf die große Pilgermesse Punkt zwölf Uhr, die gelegentlich mit dem Einsatz des berühmten Weihrauchwerfers endet.

Links:
Taubenjagen, Taubenfüttern? Kinder haben ihren Spaß auf Santiagos Praza da Quintana.

Mitte:
Besucherkommerz auf der Praza do Obradoiro in Santiago de Compostela. Das Herrchen von diesem als Pilger verkleideten Vierbeiner hat es auf klingende Münze abgesehen.

Der Rundgang um die Kathedrale von Santiago de Compostela führt von Platz zu Platz. Auf der Praza das Praterias steht der Pferdebrunnen.

Die Altstadt von Santiago de Compostela zählt zum Weltkulturerbe der UNESCO und ist von weiteren Klöstern, Kirchen und Herrenhäusern durchsetzt. Romanik, Gotik und Barock verlaufen ineinander. In der Oberstadt geht es in die Markthallen und zur Kirche San Domingos de Bonaval mit dem Grabmal der Dichterin Rosalía de Castro (1837–1885), dann wieder abwärts auf die stimmungsvolle Praza do Toural und hinüber in den Stadtpark. Dort sieht man ihre Türme über Ziegeldächern aufsteigen, ihre Westfassade, die sich zwischen Blättern und Bäumen herausschält – die Kathedrale in Traumansicht, ein krönender Abschluss im Abendlicht.

In Spaniens Nord-
regionen Galicien
und Asturien ist
das Dudelsackspiel
verbreitet. Manche
Besucher in der Alt-
stadt von Santiago de
Compostela dürften
sich musikalisch nach
Schottland versetzt
fühlen …

Ab der Südfassade
der Kathedrale von
Santiago de Com-
postela laufen schöne
Altstadtgassen ab.
Typisch sind die
Arkaden aus Granit.

In den Altstadtgassen
Santiagos ist meistens
viel Volk unterwegs.
Wenn allerdings ab
etwa 14 Uhr die
Mittagessenszeit und
die anschließende
Siesta anstehen,
ebben die Ströme
merklich ab.

Im oberen Teil der
Altstadt von Santiago
de Compostela liegen
die Markthallen, doch
das Geschehen spielt
sich auch außerhalb
ab. Hier kaufen die
Einheimischen selbst
gerne ein und sorgen
dafür, dass die Preise
zivil bleiben.

215

Das nahe der
Kathedrale Santiagos
gelegene Kloster San
Martiño Pinario ist
ein wahrer Gigant.
Es nimmt eine Fläche
von 20 000 Quadrat-
metern ein und
legt sich um drei
Kreuzgänge.

Auf der Praza do Obradoiro in Santiago ist „Jakobus Maurentöter", Santiago Matamoros, erneut zugegen. Diese äußerst fragwürdige Darstellung des Heiligen „ziert" den Giebel des Politsitzes Pazo de Raxoi.

In der Fußgängerzone Santiagos führt ein eher unscheinbarer Zugang in den Innenhof des Colegio de Fonseca. Hier mischen sich plateresker und Renaissancestil.

217

Der beliebteste Aus-
flug ab Santiago de
Compostela führt
zum Kap Fisterra,
dem „Ende der Welt".
Damals wie heute
setzen manche Pilger
ihren Weg zu Fuß bis
hierhin fort.

Über dem Kap
Fisterra, gelegentlich
auch Finisterre
geschrieben, thront
ein gedrungener
Leuchtturm über den
Abstürzen. Hinter
dem Leuchtturm-
plateau kann man
sich auf kleinen
Felsen den Seewind
um die Nase wehen
lassen.

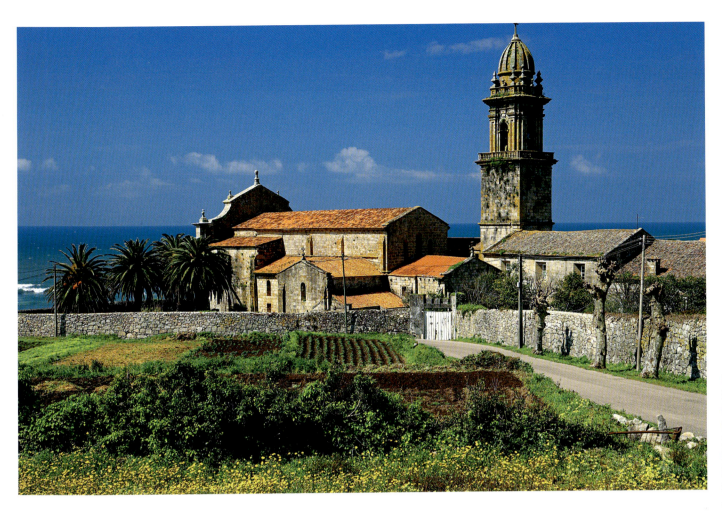

Das galicische Kloster
Santa María de Oia
bietet ein gutes
Beispiel für die Zis-
terzienserarchitektur.
Die Wurzeln reichen
ins 12. Jahrhundert
zurück.

Im nordwestlichen
Galicien liegt bei
Muxía die Wall-
fahrtskirche Virxe da
Barca, was übersetzt
„Jungfrau vom Boot"
bedeutet. Eine Legende
besagt, dass Maria
an dieser Stelle in
einem Boot eintraf
und Jakobus bei seiner
Spanienmission Mut
zusprach. Hier führt
eine Nebenvariante
des Jakobsweges vor-
bei, der sogenannte
„Pilgerweg von
Fisterra-Muxía".

Nützliche Informationen

Planung

Der Jakobsweg ist traditionell zu Fuß erkundbar, zu Rad, motorisiert für Selbstentdecker oder als Teilnehmer an einer organisierten Reise; weniger bedeutsam ist das heutige Aufkommen von Pilgern in Begleitung von Hunden, Reit- und Packtieren. Die meisten Wanderer und Radler geben dem Französischen Weg den Vorzug und entscheiden sich für die Pyrenäen als Einstieg: entweder Saint-Jean-Pied-de-Port auf der französischen oder das Kloster Roncesvalles auf der spanischen Seite. Erste wichtige Stadt auf dem Französischen Weg ist Pamplona. Als oftmals genutzte Anreiseroute von Pilgern hat sich folgende bewährt: mit dem Flugzeug nach Bilbao (internationale Routen), per Linienbus weiter nach Pamplona, ab Pamplona mit dem Bus oder Taxi ins knapp 50 Kilometer entfernte Roncesvalles. Als Alternative bietet sich ein Flug via Madrid oder Barcelona nach Pamplona an. Im Südwesten Frankreichs heißt der relevante Anflughafen Biarritz; ab dort geht es mit dem Zug weiter nach Saint-Jean-Pied-de-Port.

Ab der Zielstadt Santiago de Compostela gibt es regelmäßige Flugverbindungen zurück nach Deutschland, Österreich und in die Schweiz. Günstige Flugpreise erfordern eine rechtzeitige Buchung, die vor allem mit Blick auf den Rücktransport eine Kalkulation von Zeit und Tagespensum voraussetzt. Legt man ab den Pyrenäen eine Strecke von 760 Kilometern bis Santiago de Compostela zugrunde, ergeben sich für Wanderer – bei einem Schnitt von 20 Kilometern am Tag – alleine 38 Marschtage; Durchtrainierte werden eher zu 25 Kilometern am Tag tendieren und auf diese Weise etwa eine Woche weniger unterwegs sein. Auf alle Fälle sollte man angesichts anstrengender Auf- und Abstiege sowie klimatischer Unwägbarkeiten vorsorglich einige Ruhetage einplanen; je nach Interesse lassen sich diese Rasttage mit zusätzlichen Besichtigungen verbinden.

Radler veranschlagen, je nach persönlicher Fitness, einen Schnitt von 50–60 Tageskilometern; die Gesamtdauer hängt auch hier von der Motivation ab, dem ein oder anderen Bauwerk am Weg einen ausgiebigeren Besuch abzustatten. Teilnehmer an organisierten Reisen sollten auf eine Mindestdauer von acht bis neun Tagen achten; ideal ist eine kombinierte Wander-/Studienreise.

Wer die Tagesplanung individuell vornimmt, sollte die Ruhetage der Museen und Monumente beachten (meist montags; zusätzlich oft Sonntag nachmittags) und die Schließzeiten während der Siesta (etwa 13.30 bis 16.30 Uhr). Kleinere Kirchen am Jakobsweg findet man mitunter verschlossen vor, da kein Personal für die Bewachung der Kunstschätze finanziert werden kann.

Der deutlich mit gelben Pfeilen und Muschelsymbolen gekennzeichnete Jakobsweg ist weder als leichter Wanderpfad zu unterschätzen noch als Radweg ausgebaut; Radler folgen entweder dem gelegentlich schwer befahrbaren Originalpfad oder weichen auf Asphalt aus. Für Motorisierte ist der Jakobsweg ebenfalls deutlich beschildert. Die Strapazen der Gebirgspässe, Geländestrukturen, Wegbeschaffenheiten und Wetterwechsel dürfen nicht auf die leichte Schulter genommen werden. Für Fuß- und Radpilger gehört ein gewissenhaftes Training ebenso zur Vorbereitung wie ein medizinischer Check und eine genaue Aufstellung der Packliste. Unabdingbar für unterwegs sind Regen- und Sonnenschutz, eine Notapotheke und ein Schlafsack (für die Pilgerherbergen). Auf den Webseiten deutschsprachiger Jakobusgesellschaften finden sich weitere nützliche Tipps.

Immer den Schildern nach – die Zeichen werden Jakobspilgern zur lieben Gewohnheit. Typisch ist die stilisierte gelbe Muschel auf blauem Grund. Darüber ist hier in Pamplona der Weg zur „Albergue Paderborn" ausgewiesen; die Pilgerherberge trägt den Namen von Pamplonas deutscher Partnerstadt Paderborn.

Rechts: In Städten spüren Pilger zwangsläufig hartes Pflaster unter den Sohlen. In den Boden eingelassene Bronzemuscheln zeigen in Burgos den Wegverlauf durch die Altstadt an.

Pilgerausweis

Der Pilgerausweis berechtigt zur Übernachtung in den öffentlichen Herbergen am Jakobsweg sowie zum Erhalt der Pilgerurkunde im zentralen Pilgerbüro in Santiago de Compostela. Die Urkunde bekommt jeder, der eine zumindest teilweise christliche Gesinnung angibt und über Stempelfolgen im Pilgerausweis nachweist, dass er mindestens die letzten 100 Kilometer vor Santiago de Compostela zu Fuß bzw. die letzten 200 Kilometer per Rad zurückgelegt hat.

Der Ausweis wird vor Ort an relevanten Einstiegspunkten ausgestellt, darunter im Pilgerbüro in Saint-Jean-Pied-de-Port und im Kloster von Roncesvalles. Auf der sicheren Seite steht, wer den Ausweis mit ausreichend zeitlichem Vorlauf bei einer der Jakobusgesellschaften beantragt und sich zuschicken lässt. Zuständig sind unter anderem:

Deutsche St. Jakobus-Gesellschaft
Tempelhofer Straße 21
D-52068 Aachen
Tel.: 0241–47 90 127
Fax: 0241–47 90 112
www.deutsche-jakobus-gesellschaft.de
(mit Antragsformular zum Download)

Fränkische St. Jakobus-Gesellschaft Würzburg
Ottostraße 1 – Kilianeum
D-97070 Würzburg
www.jakobus-gesellschaften.de
(mit Online-Antrag für den Pilgerausweis)

St. Jakobusbruderschaft Trier
Krahnenufer 19
D-54290 Trier
Fax: 0651–94 51 217
www.sjb-trier.de (mit Antragsformular zum Download)

Jakobusgemeinschaft Rohrdorf
St. Jakobus-Platz 3
D-83101 Rohrdorf
Tel.: 08032–52 52
Fax: 08032–12 16
www.jakobusgemeinschaft.de

Sankt-Jakobusbruderschaft Düsseldorf
Lützowstraße 245
D-42653 Solingen
Fax: 0212–81 57 47
www.jakobusbruderschaft.de

Sankt Jakobus Bruderschaft Österreich
Stangaustraße 7
A-2392 Sulz im Wienerwald
www.jakobsbruderschaft.at (Pilgerpässe für Mitglieder)

Eine gute Übersicht über die Jakobusgesellschaften und weitere
Ansprechpartner findet sich im Internet unter: www.jakobus-info.de
Im Regelfall wird für Ausstellung und Versand des Pilgerpasses seitens
der Gesellschaften ein kleines Entgelt erhoben.

Pilgersaison

Ideale Jahreszeiten für Pilger sind Frühjahr und Herbst. Im Sommer
gilt es, sich auf starke Zuströme während der Ferienzeiten sowie die
Hitze in der Meseta einzustellen. Pilgern ist zwar ganzjährig möglich,
doch im Winter können manche Pilgerherbergen geschlossen und
Passhöhen verschneit sein.

Glossar

Albergue de peregrinos (auch: refugio):	Pilgerherberge
Alto:	Anhöhe
Camino:	Weg
Camino de Santiago:	Jakobsweg
Capilla:	Kapelle
Catedral:	Kathedrale
Convento:	Kloster
Credencial del peregrino:	Pilgerausweis
Cruz:	Kreuz
Fuente:	Quelle, Brunnen
Iglesia:	Kirche
Monasterio:	Kloster
Monte:	Berg
Peregrino:	Pilger
Puente:	Brücke
Puerto:	Bergpass
Santiago:	heiliger Jakobus
Sierra:	Gebirge

Buchtipps

Coelho, Paulo: Auf dem Jakobsweg. Diogenes.
Der brasilianische Autor zieht seine Leserschaft in den Erzählstrudel
einer mystischen Pilgertour mit spirituellen Prüfungen.

Drouve, Andreas: Die Wunder des heiligen Jakobus.
Legenden vom Jakobsweg. Herder.
Die schönsten überlieferten Wunder- und Weggeschichten,
poetisch unterlegt mit Scherenschnittbildern.

Drouve, Andreas: Geheimnisse am Jakobsweg. Tyrolia Verlag.
Mysteriöse Legenden und Geschichten an nachvollziehbaren
Schauplätzen – verfasst vom Autor dieses Bildbandtextes.

Drouve, Andreas: Lexikon des Jakobswegs. Herder.
Das erste Nachschlagewerk zum Jakobsweg,
kompakt gegliedert in etwa 200 Stichworte.

Drouve, Andreas: Segensworte vom Jakobsweg. Herder.
Ein spiritueller Wegbegleiter, farbig bebildert.

Drouve, Andreas: Stille Winkel auf dem Jakobsweg.
Verlag Ellert & Richter.
Essays zu besonderen Wegstellen mit über zwanzig Oasen der Stille,
darunter in Santa María de Eunate, Los Arcos, im Steinort Rabanal
del Camino, im Kloster San Paio de Antealtares in Santiago de
Compostela und am Kap Fisterra, dem „Ende der Welt".

Gertz, Kurt-Peter: Leben auf dem Weg. Ein Pilgertagebuch.
Nink Verlag.
Ein ehrliches, authentisches Pilgerzeugnis.

Helmchen-Menke, Heike (Hg.): Jakobsbibel. Herder.
Auswahlbibel mit anregenden Texten zum Jakobsweg.

Kerkeling, Hape: Ich bin dann mal weg. Malik.
Der Jakobsweg als Projektionsfläche für einen Bestseller,
bei dem der Komiker ganz auf seinen Bekanntheitsgrad setzt.

MacLaine, Shirley: Der Jakobsweg. Goldmann.
Ein Hollywoodstar auf spiritueller Wanderschaft.

Oelker, Petra: Tod auf dem Jakobsweg. Rowohlt.
Der Jakobsweg als Kulisse für einen spannungsgeladenen Krimi.

Schulte-Kellinghaus, Martin u. Spiegelhalter, Erich / Drouve, Andreas:
Auf dem Jakobsweg. Flechsig.
Panorama-Bildband mit über 200 Farbfotos von einer Pilger-Reise auf
dem Jakobsweg.

Schulte-Kellinghaus, Martin u. Spiegelhalter, Erich / Drouve, Andreas:
Abenteuer Jakobsweg. Stürtz.
Erfolgreicher Bildband mit über 270 Farbfotos und informativen Texten.

Links:
Wer dieses Muschel-
Schild am Ende eines
anstrengenden Marsch-
oder Radtages sieht,
wird Erleichterung
verspüren. „Albergue"
– die Pilgerherberge.

So sieht das Innere
eines Pilgerausweises
nach absolvierter
Pilgerschaft aus. Die
freien Flächen sind
mit Stempeln gefüllt,
die das Vorwärts-
kommen belegen.

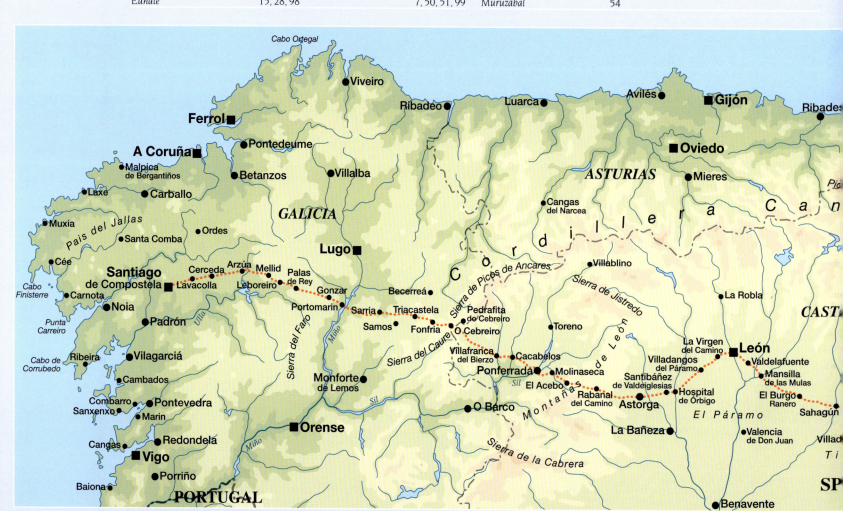

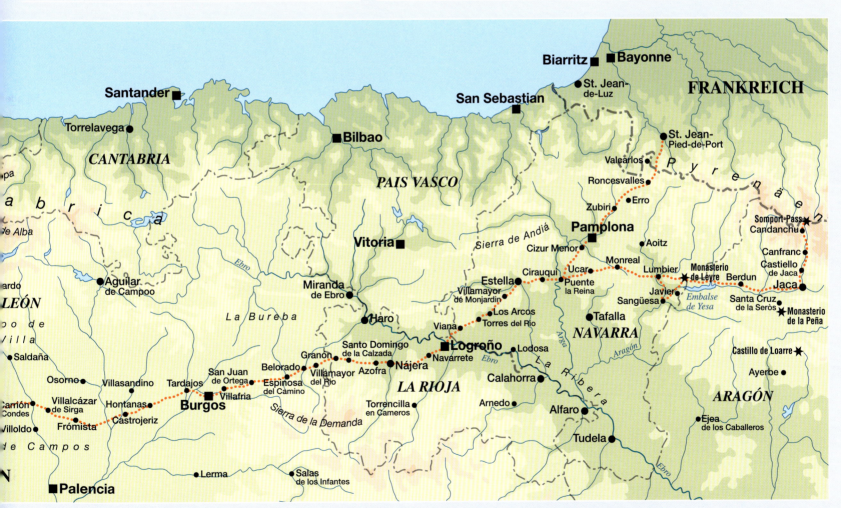

Zur Vertiefung in das
Thema Jakobsweg
empfehlen sich ganz
unterschiedliche
Bücher. Im Programm
des Stürtz-Verlags
steht der Titel „Aben-
teuer Jakobsweg",
der drei Monate nach
Erscheinen bereits
seine zweite Auflage
erlebte. Der beim
Flechsig-Verlag in
neuer Reihe erschie-
nene Panorama-
Band „Auf dem
Jakobsweg" zeichnet
sich durch persönliche
Erfahrungen einer
Pilgerreise auf dem
Jakobsweg aus.
Andreas Drouve,
Autor des vorliegen-
den Bandes, hat sich
in mehreren Publika-
tionen zum Jakobsweg
eingehend mit alt-
überlieferten Legenden-
stoffen beschäftigt. Im
Tyrolia-Verlag sind
die Legendenbücher
„Geheimnisse am
Jakobsweg" und
„Mythos Jakobsweg"
erschienen. Im Herder-
Verlag gibt es außer
dem „Lexikon des
Jakobswegs" und der
„Segensworte vom
Jakobsweg" den Band
„Die Wunder des
heiligen Jakobus" mit
den schönsten
Mirakeln und Weg-
legenden, die sich um
die Figur des Apostels
ranken.

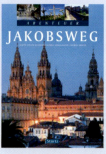

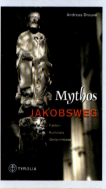

Zum Textautor

Andreas Drouve, Dr. phil., Jahrgang 1964, gilt als einer der renommiertesten Kenner der Pilgerbewegung nach Santiago. In seiner Wahlheimat Spanien lebt der deutsche Autor und Journalist direkt am Jakobsweg und hat zum Thema zahl-reiche Erfolgsbücher verfasst. Dazu zählen „Geheimnisse am Jakobsweg", „Lexikon des Jakobswegs", „Stille Winkel auf dem Jakobsweg", „Die Wunder des heiligen Jakobus" und „Segensworte vom Jakobsweg". Im Verlagshaus Würzburg ist bereits der Bildband „Abenteuer Jakobsweg" erschienen. Der Autor im Internet: www.andreas-drouve.de

Zum Fotografenteam

Martin Schulte-Kellinghaus und Erich Spiegelhalter leben als freie Fotografen in Lörrach und Freiburg. Als Fotografenteam produzieren sie Diashows zu verschiedenen Reisethemen. Beide haben bereits zahlreiche Bildbände und Reportagen in Zeitschriften und Magazinen veröffentlicht. Im Verlagshaus Würzburg sind von ihnen unter anderem Bücher über den Jakobsweg, die Toskana, die Provence, Irland, Kanada und Neuseeland erschienen.
www.schulte-kellinghaus.de
www.erich-spiegelhalter.de

Bildnachweis

Alle Bilder von Martin Schulte-Kellinghaus und Erich Spiegel-halter, mit Ausnahme folgender Bilder von Brigitte Merz:
Seite 14, 17, 18, 31 (3 Abb.), 42 oben links, 46 unten, 47 rechts, 50 (3 Abb.), 57, 65 oben, 67 unten links, 76 ganz unten, 81 oben, 82 oben, 83 (2 Abb.), 87 (2 Abb.), 88/89, 93, 96 kleines Bild oben links, 99 oben und Mitte (2 Abb.), 100 oben, 103 (3 Abb.), 104/105, 109 unten, 114 unten, 118/119 (5 Abb.), 130 (2 Abb.), 133, 135 unten, 136/137, 140 unten, 141 unten, 153 oben, 164 (2 Abb.), 166, 175 oben, 187, 190 unten, 191 oben, 192 unten, 196 unten, 203, 207 unten, 211, 212 ganz links, 213 großes Bild, 215 oben, 216, 217 oben, 218 oben, 220 links.

Impressum

Buchgestaltung
hoyerdesign grafik gmbh, Freiburg

Karte
Fischer Kartografie, Aichach

Alle Rechte vorbehalten

Printed in Germany
Repro: Artilitho, Lavis-Trento, Italien
Druck/Verarbeitung: Offizin Andersen Nexö, Leipzig
© 2008 Verlagshaus Würzburg GmbH & Co. KG
© Fotos: Martin Schulte-Kellinghaus, Erich Spiegelhalter, Brigitte Merz
© Texte: Andreas Drouve

ISBN 978-3-8003-1870-4

Unser gesamtes Programm finden Sie unter:
www.verlagshaus.com